ドラマティックジュエリー

渡辺マリのミリアム・ハスケル コレクション
The MARI WATANABE COLLECTION Of MIRIAM HASKELL

渡辺マリ 編

日本出版社

Contents

序文 … 4
本書について … 6

アンサイン時代の
ミリアム・ハスケル … 8

ミリアム・ハスケル
ベストコレクション … 12

芳醇色の魅惑
チェリー … 22

透き通る甘いハーモニー
ピンク・パープル … 32

常夏の太陽色の輝き
イエロー … 38

朝焼け色の果実
オレンジ … 42

空と潮騒の色
ブルー … 48

神秘へのいざないの色
グリーン … 58

儚さと冷やかさの
クリスタルなきらめき
クリア … 68

純白の無垢
ホワイト … 74

太古からの普遍のあこがれ
ゴールド … 78

深淵の奥から輝く静寂
ブラック … 82

海から生まれた東洋の恒久
パール … 90

自然が生んだ虹色の輝き
シェル・ウッド … 106

ミリアム・ハスケル
ジュエリーの楽しみ方 … 110

ミリアム・ハスケルの生涯
「骨董ファン」編集長 中村みゆき … 113

ミリアム・ハスケル 年譜 … 124

あとがき … 126

> 私は類いまれな魅力を持った女性が
> 選んで身につけようと思うような、
> それに及ぶものなどどこにもないというほど、
> 非凡で魅惑的なセンスを
> 自分のジュエリー製作に要求しています。
>
> ミリアム・ハスケル *Miriam Haskell*

リアム・ハスケル

序文

MIRIAM HASKELL
THE JEWELS
WITH A TOUCH OF
ROMANCE

　コスチューム・ジュエリーというのは、模造宝石類のことだといわれています。

　でも、私は自分流に解釈しています。

　コスチューム・ジュエリーとは、衣服に合わせて身につけ、その服とジュエリーと装っている本人がもっとも美しく調和するようにつくられ、おもに模造宝石が用いられていますが、本物の宝石以上にすばらしい存在感をもって、私たちを魅了するアクセサリーのこと…をいうのだと思っています。

　1800年代から、パールのように見える素材やガーネット色のガラスなどを用いて、ゴージャスで密度の高いものが製作されていました。もともと宝石といっても自然が創造した石なのですから、コスチューム・ジュエリーは、人間が造り出した宝石といえるでしょう。コスチューム・ジュエリーとう本物なのではないでしょうか。

　ここに私がコレクションした品々は、ミリアム・ハスケルというユダヤ系アメリカ女性がプロデュースしたもので、1930年代〜60年代頃のアメリカ製です。

いったい、この作者はどんな人なのだろう？
　たまたま手にしたアクセサリーを見て、まずそう思いました。アメリカから仕入れたジャンク・ジュエリーをかき回していて、青い変形ガラスが金色の小さい枝葉のデザインの間にいくつも留められているブローチが目に入り、何気なくその裏を返して驚いたのでした。細かい透かし模様の裏座が張ってあります。よくよく見れば、表から細かいワイヤーでビーズをひとつずつ台座にデコレーションし、その処理を隠すために裏からもう１枚、ヴィクトリア調の細工の裏座が組んであったのです。その裏の中央にオーバルの小さなプレートが張りつけてあり、MIRIAM HASKELLと記されていました。こんな細かい作業は人の手でなければできません。
　製作したのはこのミリアム・ハスケルという女性なのだと勝手に自分の中で思い込んでしまい、さらに捜してもうひとつ見つけました。他の数々のアクセサリーと違い、明らかに手組みで仕上げられ、デザインも絶妙にアンバランスのバランスがとれていて、たいへん上品に見えました。
　その頃、コスチューム・ジュエリーという言葉は、日本ではほとんど知られてなかったのですが「アメリカンデザイナーズ・コスチューム・ジュエリー」と勝手にタイトルをつけて蒐めはじめました。今から20年以上も前のことです。
　今や、ハスケルは、コスチューム・ジュエリー界のスーパーデザイナーとして有名ですが、当時はあまりにも知られていなかったので、アメリカから取り寄せた本からあちこち引用して、彼女のサマリーをつくりました。そして、重大発見をしたかのごとく、手当たり次第お客様に説明しまくったのでした。
　そのうち、「こんなに魅力的なデザインが多いのだから、写真に撮って残しておこう、そして写真集をつくろう」と大それた考えが浮かんできました。写真集となれば、まずは女性たち、特に日本の女性が身につけて、よりいっそう引き立つ、繊細で美しい色のデザインのもの、上品でしかも華やかなものを蒐めなければなりません。
　少しずつ蒐め続け、また少しずつ撮影してもらって今に至りました。くじけそうになりながらも、ひとつひとつのジュエリーに出会うたびにハスケルのすばらしさに惹かれてコレクションを続け、今ここにたくさんの方々の力を借りて、ハスケルの作品集が完成しました。
　それぞれの方が、それぞれの場面でミリアムとビジネスパートナーのフランクが作品に込めたメッセージを受けとめてくださればとてもうれしく思います。

渡辺　マリ

本書に掲載のコレクションは、次の順番で説明しています。
1：品名
2：作者名
3：年代
4：サインの種類
5：材質
6：プライベート・コレクション

1：品名について
　　　　　　　　　　パリュール‥‥セットになるもの。
　　　　　　　　　　バリエーション‥‥同じパーツを使用したデザイン違いのもの。
　　　　　　　　　　クラスターフォームクリップ‥‥房状の形になるクリップ状ブローチ。

4：サインの種類について
　　　　　　　　　　アンサイン‥‥まだサインをつくっていない初期のもの。
　　　　　　　　　　ホースシューサインド‥‥1950年代末の一時期につけられていた馬蹄型のプレートのもの。
　　　　　　　　　　サインレス‥‥セットになる他のものにプレートがついているので、あえてサインを
　　　　　　　　　　　　　　　　　つけなかったものやデザイン上つけにくいもの。また本来ついていた
　　　　　　　　　　　　　　　　　ものが部品交換されたためになくなってしまったものなど。
　　　　　　　　　　オーバルサインド‥‥1950年代末からつけられはじめ、それ以後のほとんどのものについている
　　　　　　　　　　　　　　　　　楕円型のプレート。このオーバルサインドについては、表記していません。

5：材質について
　　　　　　　　　　ヨーロピアングラス‥‥チェコ（ボヘミアングラス）、ヴェネツィア（ヴェネツィアングラス）
　　　　　　　　　　　　　　　　　オーストリア（パートドヴェールグラス）などのグラス。
　　　　　　　　　　ミラーバック‥‥ガラスでつくられ、フラットにした底面にミラー加工したもの。
　　　　　　　　　　ラインストーン‥‥宝石に似せてつくられたガラス。
　　　　　　　　　　ヴァセリングラス‥‥ウラニウムを使用してつくられたガラスで、ブラックライトに当てると緑色に光るもの。
　　　　　　　　　　メタリックグラス‥‥金属に似た、あるいは虹色の光沢をもたせたガラス。
　　　　　　　　　　プレストグラス‥‥型押しして成型したガラス。
　　　　　　　　　　ギルデッド・メタル‥‥金色のメッキをほどこした金物。
　　　　　　　　　　バーニッシュド・メタル‥‥磨きこんでつやを出した金物。
　　　　　　　　　　シルバード・メタル‥‥銀色メッキをほどこした金物。
　　　　　　　　　　スティールビーズ‥‥鋼でつくったビーズ。または鋼色のビーズ。
　　　　　　　　　　ウッドビーズ‥‥木を加工してビーズ状にしたもの。
　　　　　　　　　　カーヴドウッド‥‥木をけずって成型したもの。
　　　　　　　　　　マザーオブパール
　　　　　　　　　　フィニッシュドパーツ‥‥あこや貝の色で仕上げた花や葉などのパーツ。
　　　　　　　　　　エナメルドリーフ‥‥パーツデザインに合わせて使用する葉などにエナメル加工をほどこしたもの。
　　　　　　　　　　ハンドカーヴドシェル‥‥貝を手作業で成型したもの。

6：プライベート・コレクションにつ
　　　　　　　編者から、別の所有者に移った作品をプライベート・コレクションと表記しています。
　　　　　　　　　　　　　　　　　　　　　　　　　　　（2003年8月31日　現在）

渡辺マリのミリアム・ハスケルコレクション
The MARI WATANABE COLLECTION Of MIRIAM HASKELL

アンサイン時代のコレクション

ブレスレット
シェル, カーヴドウッド, ギルデッド・メタル, ウッドビーズ

クラスターフォームクリップ
ヨーロピアングラス, ギルデッド・メタル
プライベート・コレクション

クラスターフォームクリップ
ヨーロピアングラス, ラインストーン
マザーオブパールフィニッシュドパーツ

クラスターフォームクリップ
ヨーロピアングラス, マザーオブパールフィニッシュドパーツ
プライベート・コレクション

ブレスレット
ヨーロピアングラス, ギルデッド・メタル

ブレスレット
ヨーロピアングラス
マザーオブパールフィニッシュドパーツ
プライベート・コレクション

クラスターフォームクリップ
ヨーロピアングラス, ラインストーン, ミラーバック
ヴァセリングラス, シミュレーテッド・パール
ギルデッド・メタル

クラスターフォームクリップ
ヨーロピアングラス

ブローチ
ヨーロピアングラス, ギルデッド・メタル
シミュレーテッド・パール, ミラーバック

ブローチ,ブレスレット&イヤリングの
パリュール
フランク・ヘス／1940年代前半
ウッドビーズ,ヨーロピアングラス
プライベート・コレクション

ネックレス
ヨーロピアングラス,シルバード・メタル
スティールビーズ
プライベート・コレクション

ブローチ
フランク・ヘス
ヨーロピアングラス,ミラーバック
ギルデッド・メタル

ネックレス
ヨーロピアングラス,シルバードメタル
プライベート・コレクション

ブレスレット
フランク・ヘス／1930年代
ヨーロピアングラス
ギルデッド・メタル

ブレスレット
フランク・ヘス／1930年代
ヨーロピアングラス
シミュレーテッド・パール,ギルデッド・メタル

ブローチ2点
フランク・ヘス／1940年代
コーラル，ギルデッド・メタル

ブローチ
シェル，カーヴドウッド
ギルデッド・メタル

ネックレス
フランク・ヘス／1940年代前後
ヴァセリングラス，ギルデッド・メタル
ラインストーン，ヨーロピアングラス

ネックレス
ヨーロピアングラス
ギルデッド・メタル
プライベート・コレクション

ネックレス
フランク・ヘス／1930年代後半
ヨーロピアングラス，ラインストーン，ギルデッド・メタル

ベストセレクション #01
ネックレス、ブローチ＆イヤリングのパリュール
フランク・ヘス／ブローチにホースシューサインド
ヨーロピアングラス、ラインストーン

ベストセレクション #02
ネックレス,ブローチ&イヤリングのバリュール
フランク・ヘス
シェル,ミラーバック,ラインストーン,ギルデッド・メタル
シミュレーテッド・パール

ベストセレクション #03
ネックレス&ブローチのパリュール
ヨーロピアングラス, ラインストーン, ミラーバック
プライベート・コレクション

ベストセレクション #04
ネックレス&イヤリングのパリュール
ヨーロピアングラス、ミラーバック、ラインストーン
プライベート・コレクション

ベストセレクション #05
ネックレス, ブローチ & イヤリングのパリュール
ヨーロピアングラス, ラインストーン, ミラーバック
プライベート・コレクション

ベストセレクション #06
ネックレス＆イヤリングのパリュール
ヨーロピアングラス、ラインストーン
プライベート・コレクション

ベストセレクション #07
ネックレス&ブレスレットのパリュール+ネックレス
ブレスレットはサインレス
コーラル,ヨーロピアングラス,ミラーバック,シルバード・メタル,

ベストセレクション #08
ネックレス、ブローチ、ブレスレット&イヤリングのパリュール
ブローチにホースシューサインド
シミュレーテッド・パール、ギルデッド・メタル、ミラーバック

ベストセレクション #09
ネックレス, ブレスレット & イヤリングのパリュール
ヨーロピアングラス, ミラーバック, ギルデッド・メタル, ラインストーン

ベストセレクション #10
ネックレス&クラスターフォームクリップのパリュール
フランク・ヘス／アンサイン
ヨーロピアングラス
プライベート・コレクション

芳 醇 色 の 魅 惑

Cherry
チェリー

イヤリング
ヨーロピアングラス, ラインストーン

ブローチ、ブレスレット&イヤリングのパリュール
ヨーロピアングラス、ギルデッド・メタル
プライベート・コレクション
※ブローチ(小)は、バリエーション

1  2

3 4

1. ネックレス＆イヤリングのパリュール
   ヨーロピアングラス, ギルデッド・メタル

2. ネックレス＆イヤリングのパリュール＋ネックレス
   ヨーロピアングラス, ギルデッド・メタル, ラインストーン, ミラーバック
   ※4連のネックレスはバリエーション

3. ネックレス＆イヤリングのパリュール
   ヨーロピアングラス, ミラーバック, ラインストーン, ギルデッド・メタル／プライベート・コレクション

4. ブローチ＆イヤリングのパリュール
   ヨーロピアングラス, シミュレーテッド・パール, ミラーバック, ギルデッド・メタル
   プライベート・コレクション

5. ネックレス, イヤリング＆ブレスレットのパリュール＋ブローチ
   ヨーロピアングラス, ギルデッド・メタル／プライベート・コレクション

6. ネックレス＆イヤリングのパリュール
   ヨーロピアングラス, ギルデッド・メタル, ラインストーン, ミラーバック
   プライベート・コレクション

   ※写真8はバリエーション

7. ネックレス
   ヨーロピアングラス／プライベート・コレクション

8. イヤリング＆ブレスレット＋イヤリング, ブレスレット＆ブローチのバリュール
   ヨーロピアングラス, ギルデッド・メタル, ラインストーン, ミラーバック

5

6

7

8

1.2. ネックレス&イヤリングのパリュール
シミュレーテッド・パール,ヨーロピアングラス,ミラーバック,バーニッシュド・メタル,ラインストーン

3. ネックレス、ブレスレット、イヤリング＆
 ピンブローチのパリュール
 フランク・ヘス／1950年代前半／ピ
 ンブローチにホースシューサインド
 ヨーロピアングラス、ミラーバック、ギル
 デッド・メタル
 プライベート・コレクション

4. ネックレス
 ヨーロピアングラス、シミュレーテッド・
 パール、ギルデッド・メタル
 ピンブローチ2点＆イヤリング
 フランク・ヘス／1950年代前半／ピ
 ンブローチにホースシューサインド
 ヨーロピアングラス、ミラーバック、ギル
 デッド・メタル

5. ブレスレット、ピンブローチ＆イヤリ
 ングのパリュール
 フランク・ヘス／1950年代前半／ピ
 ンブローチにホースシューサインド
 ヨーロピアングラス、ミラーバック、ギル
 デッド・メタル

6. ブローチ、イヤリング＆ブレスレット
 のパリュール
 フランク・ヘス／イヤリングにホース
 シューサインド
 ヨーロピアングラス、シミュレーテッド・
 パール、ミラーバック、ラインストーン、ギル
 デッド・メタル、エナメルドリーフ

7. ネックレス＆ブローチのパリュール
 ヨーロピアングラス、ラインストーン

1. ネックレス&ブレスレットのパリュール
ヨーロピアングラス,ラインストーン,ミラーバック,ギルデッド・メタル

2. ブローチ&イヤリングのパリュール
フランク・ヘス／1957年／ブローチにホースシューサインド
ヨーロピアングラス,ミラーバック,ギルデッド・メタル

3. ネックレス&イヤリングのパリュール
ヨーロピアングラス,ミラーバック,ギルデッド・メタル
プライベート・コレクション

4. ブローチ&イヤリングのパリュール
ヨーロピアングラス,ミラーバック,ギルデッド・メタル

5. ネックレス, ブレスレット&イヤリングの
 パリュール
 シミュレーテッド・パール, ヨーロピアングラス, ラインストーン, ギルデッド・メタル

6. ネックレス
 ヨーロピアングラス, ギルデッド・メタル
 プライベート・コレクション
 ※留め具のフックが交換されている。ハスケルと証明するためにあとからオーバルプレートをつけたものと思われる

7. ネックレス
 サインレス
 ヨーロピアングラス, ミラーバック, ギルデッド・メタル
 プライベート・コレクション

8. ネックレス
 ヨーロピアングラス, ミラーバック, ラインストーン, ギルデッド・メタル
 プライベート・コレクション

1. ネックレス（大）
フランク・ヘス／1950年代前半
ヨーロピアングラス, シミュレーテッド・パール, ミラーバック
ネックレス＆ブローチのパリュール
フランク・ヘス／ブローチにホースシューサインド
ヨーロピアングラス, シミュレーテッド・パール, ラインストーン, ギルデッド・メタル
※写真2はバリエーション

2. ネックレス
フランク・ヘス／1950年代前半
シミュレーテッド・パール, ヨーロピアングラス, ミラーバック
プライベート・コレクション

3. ネックレス＆イヤリングのパリュール
フランク・ヘス
ヨーロピアングラス, シミュレーテッド・パール, ラインストーン, ギルデッド・メタル
※写真1のネックレス＆ブローチのバリエーション

4. イヤリング
ラインストーン, ギルデッド・メタル, シミュレーテッド・パール／プライベート・コレクション
※写真1のネックレス＆ブローチとバリュール

5. イヤリング
ヨーロピアングラス, ミラーバック, ギルデッド・メタル
プライベート・コレクション

6. イヤリング
ヨーロピアングラス, ミラーバック, ギルデッド・メタル
プライベート・コレクション

7. ブローチ
フランク・ヘス／ホースシューサインド
ヨーロピアングラス,ラインストーン,ミラーバック,ギルデッド・メタル,シミュレーテッド・パール

8. ブローチ
ヨーロピアングラス,ブラックペイントメタル
イヤリング
ヨーロピアングラス,ギルデッド・メタル
プライベート・コレクション

9. ブローチ＆イヤリングのパリュール
フランク・ヘス／ブローチにホースシューサインド
ヨーロピアングラス,ギルデッド・メタル,ラインストーン,ミラーバック

10. ネックレス
ヨーロピアングラス,ミラーバック,ギルデッド・メタル,ラインストーン
※もともとはヘッドの下に飾りがあったもの

11. イヤリング
ヨーロピアングラス,バーニッシュド・メタル,ラインストーン
プライベート・コレクション

12. イヤリング
ミラーバック,ギルデッド・メタル,ヨーロピアングラス
プライベート・コレクション

13. ブローチ＆イヤリングのパリュール
ヨーロピアングラス,ラインストーン,ミラーバック
プライベート・コレクション

透き通る甘いハーモニー

Pink
ピンク
Purple
パープル

ネックレス
ヨーロピアングラス,シミュレーテッド・パール,ミラーバック
※消えかかっていてわかりにくいがサインがある
イヤリング
ヨーロピアングラス,ラインストーン,ギルデッド・メタル

1. ネックレス&イヤリングのパリュール
   シミュレーテッド・パール,ヨーロピアングラス,オールドプラスティックス

2. ネックレス&イヤリングのパリュール
   +イヤリングのパリエーション
   フランク・ヘス/すべてにホースシューサインド
   ヨーロピアングラス,ミラーバック,ラインストーン

3. ネックレス&イヤリングのパリュール
   ヨーロピアングラス,ギルデッド・メタル,ミラーバック

4. ネックレス
   ヨーロピアングラス,ミラーバック,ギルデッド・メタル
   イヤリング
   ヨーロピアングラス/プライベート・コレクション

5. ネックレス&イヤリングの
パリュール
ヨーロピアングラス, シミュレーテッド・パール
プライベート・コレクション

6. ブローチ&イヤリングの
パリュール
フランク・ヘス／1950年代後半
ヨーロピアングラス, ルーサイト, ミラーバック, シミュレーテッド・パール, ギルデッド・メタル, ラインストーン
プライベート・コレクション

7. ネックレス
ヨーロピアングラス, シミュレーテッド・パール
プライベート・コレクション

8. ネックレス
ヨーロピアングラス
プライベート・コレクション

9. ネックレス, ブレスレット&
イヤリングのパリュール
ヨーロピアングラス, ギルデッド・メタル, シミュレーテッド・パール
プライベート・コレクション

10. ネックレス
ヨーロピアングラス, シミュレーテッド・パール, ギルデッド・メタル, ラインストーン
プライベート・コレクション

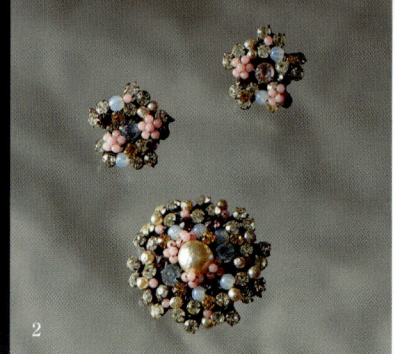

1. **ネックレス＆イヤリングのパリュール**
   フランク・ヘス／ネックレスにホースシューサインド
   ヨーロピアングラス、シミュレーテッド・パール、ミラーバック
   プライベート・コレクション
   ※右のイヤリングは写真2のバリエーション

2. **ブローチ＆イヤリングのパリュール**
   フランク・ヘス／ブローチにホースシューサインド
   ヨーロピアングラス、シミュレーテッド・パール、ラインストーン、ミラーバック

3. **ネックレス**
   ヨーロピアングラス、シミュレーテッド・パール、ミラーバック
   プライベート・コレクション

4. **ブローチ＆イヤリングのパリュール**
   ヨーロピアングラス、シミュレーテッド・パール
   プライベート・コレクション

5. **ブローチ**
   ホースシューサインド
   アイボリー、ラインストーン、ヨーロピアングラス、エナメルドリーフ
   イヤリング
   ヨーロピアングラス、ミラーバック、ラインストーン

6. **ネックレス**
   ヨーロピアングラス、シミュレーテッド・パール、ミラーバック、ギルデッド・メタル
   プライベート・コレクション

7. **ブレスレット＆イヤリング**
   フランク・ヘス／イヤリングにホースシューサインド
   ヨーロピアングラス、シミュレーテッド・パール、ミラーバック、ギルデッド・メタル、ラインストーン

8. **ネックレス＆イヤリングのパリュール**
   フランク・ヘス／イヤリングにホースシューサインド
   シミュレーテッド・パール、ヨーロピアングラス、ミラーバック、スティールビーズ

9. イヤリング6点
ヨーロピアングラス,シミュレーテッド・パール,ギルデッド・メタル,ミラーバック
下2点はプライベート・コレクション

10. ブローチ&イヤリングのパリュール+ブローチ
ヨーロピアングラス,シミュレーテッド・パール,ラインストーン,ミラーバック,ギルデッド・メタル

11. イヤリング
ヨーロピアングラス,ラインストーン,ミラーバック
ギルデッド・メタル／プライベート・コレクション

12. イヤリング
ヨーロピアングラス,ラインストーン,ギルデッド・メタル
プライベート・コレクション

13. ブローチ
ヨーロピアングラス,ギルデッド・メタル,シミュレーテッド・パール
プライベート・コレクション

14. イヤリング
シルバード・メタル,ミラーバック,ヨーロピアングラス

15. イヤリング
ヨーロピアングラス,アイボリー,シミュレーテッド・パール,ミラーバック,ギルデッド・メタル
プライベート・コレクション

16. ブローチ
フランク・ヘス
ヨーロピアングラス,ギルデッド・メタル

17. イヤリング
ヨーロピアングラス,ミラーバック,ラインストーン
プライベート・コレクション

18. イヤリング
ミラーバック,ギルデッド・メタル,ヨーロピアングラス
ラインストーン／プライベート・コレクション

19. イヤリング
ヨーロピアングラス,ラインストーン,ミラーバック,ギルデッド・メタル,シミュレーテッド・パール
プライベート・コレクション

常 夏 の 太 陽 色 の 輝 き

Yellow
イエロー

**ネックレス＆イヤリングの
パリュール**
フランク・ヘス
ヨーロピアングラス,ラインス
トーン,ギルデッド・メタル

ブローチ
ホースシューサインド
ヨーロピアングラス,ラインス
トーン,ギルデッド・メタル

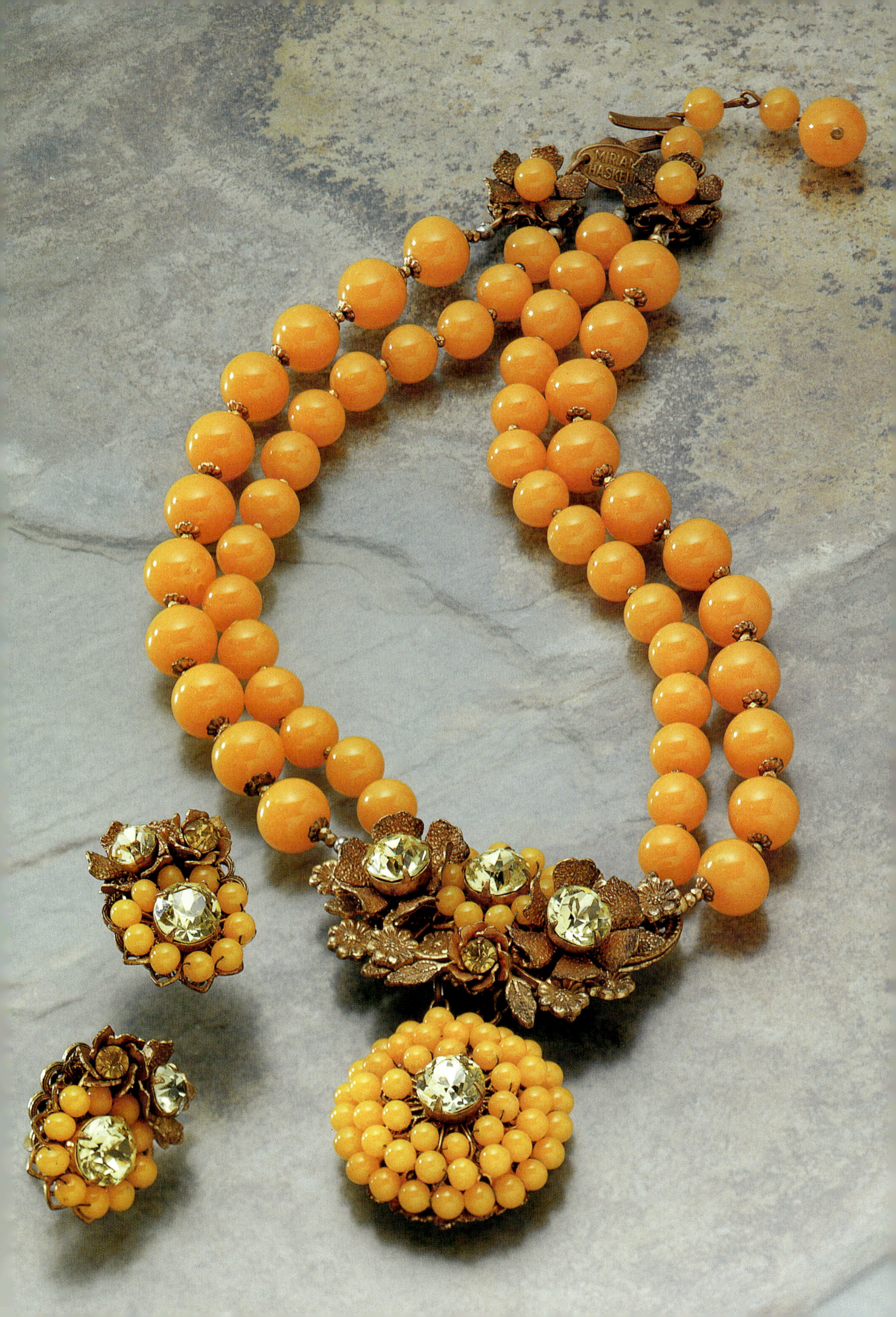

1. ネックレス
   ヨーロピアングラス
   プライベート・コレクション

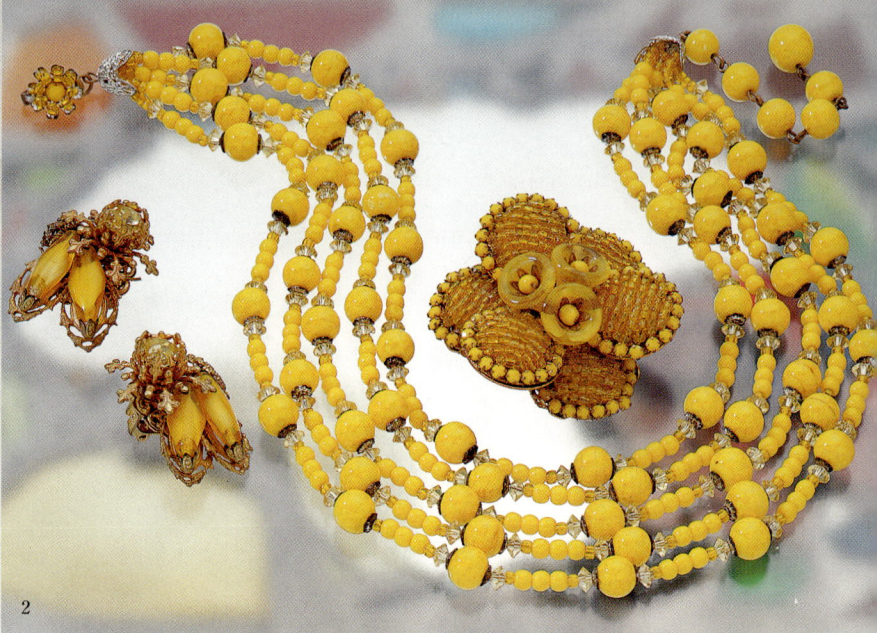

2. ネックレス
   ヨーロピアングラス
   ブローチ
   ヨーロピアングラス
   イヤリング
   ヨーロピアングラス, ライン
   ストーン, ギルデッド・メタル

3. イヤリング
   ヨーロピアングラス
   プライベート・コレクション

4. ブローチ＆イヤリングの
   パリュール
   シミュレーテッド・パール, ヨ
   ーロピアングラス, ミラーバ
   ック, ラインストーン
   プライベート・コレクション

5. ブレスレット
   写真4.とセットでブローチ, ブ
   レスレット＆イヤリングのパ
   リュール

6. ネックレス＆イヤリングの
   パリュール
   ヨーロピアングラス, ラインス
   トーン, ギルデッド・メタル

7. ブローチ＆イヤリングの
   パリュール
   フランク・ヘス／ブローチに
   ホースシューサインド
   ヨーロピアングラス, ライン
   ストーン, ギルデッド・メタル

8. ブローチ＆イヤリングのパ
   リュール
   ヴァセリングラス, ラインス
   トーン, ギルデッド・メタル

9. ブローチ＆イヤリングの
   パリュール
   ヨーロピアングラス

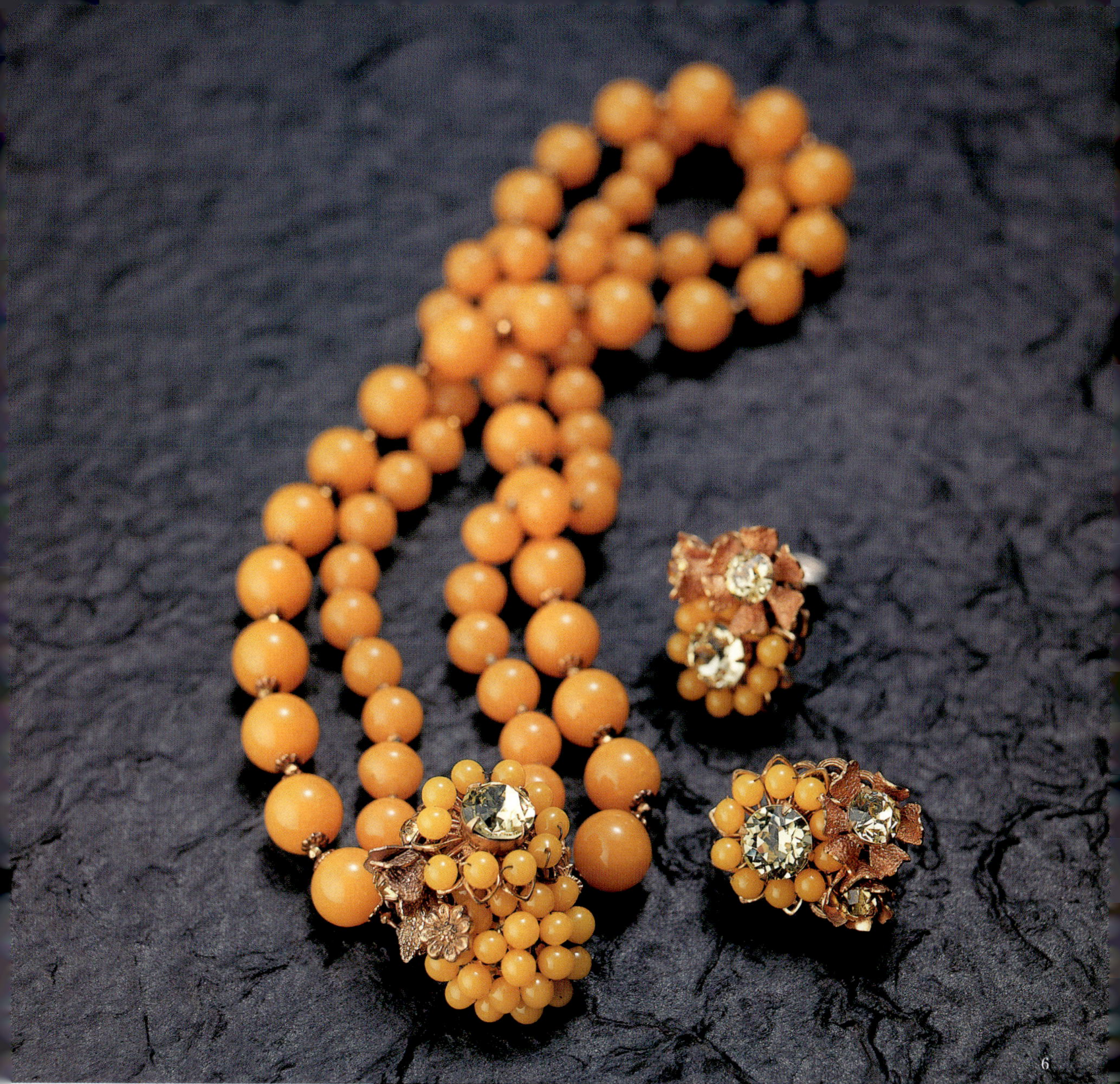
6

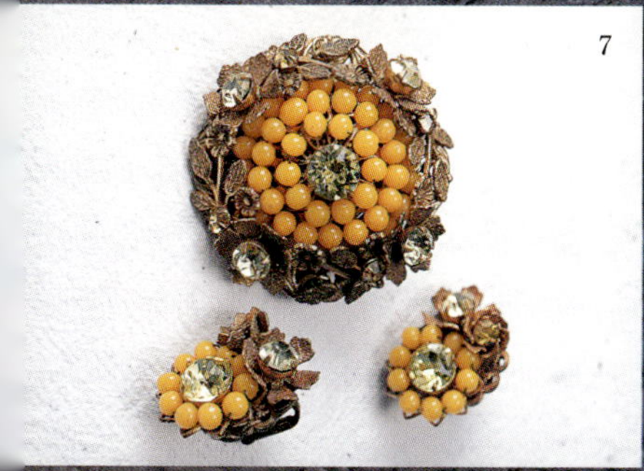
7

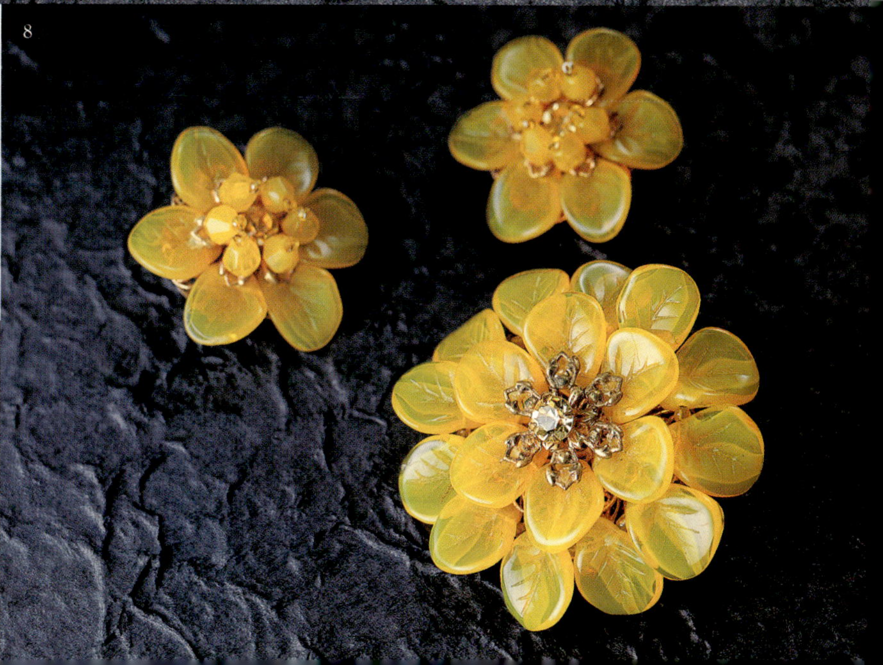
8

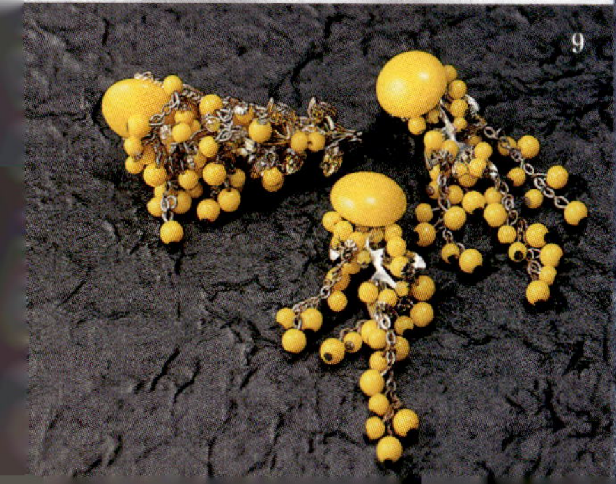
9

朝 焼 け 色 の 果 実

Orange
オレンジ

ネックレス＆ブローチのパリュール
フランク・ヘス／1950年代後半
コーラル, ギルデッド・メタル
プライベート・コレクション

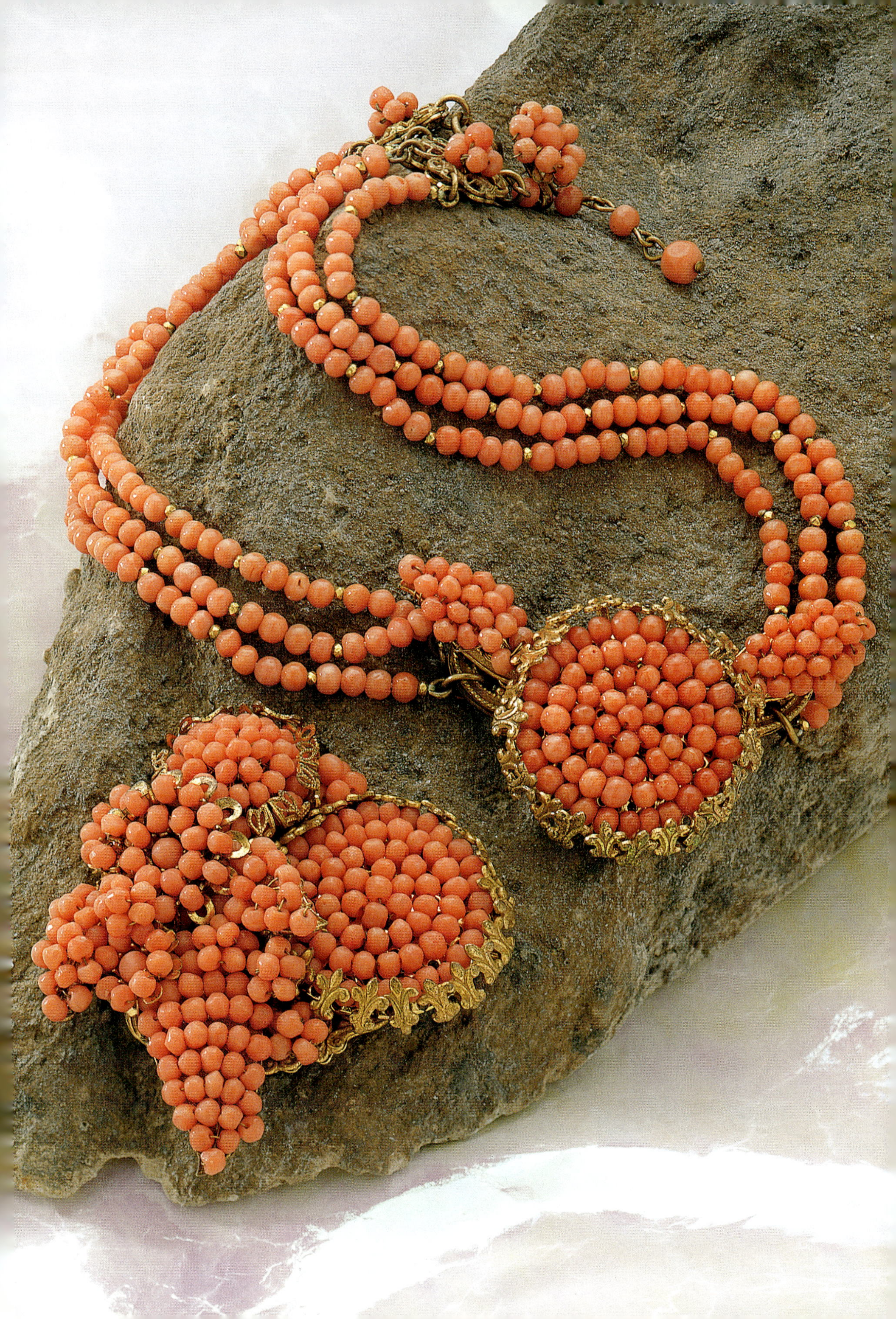

1

2

1. ネックレス,ブローチ&イヤリングのパリュール
　フランク・ヘス
　ヨーロピアングラス,ギルデッド・メタル,ミラーバック
2. イヤリング(左上) ヨーロピアングラス,ギルデッド・メタル,ミラーバック
　イヤリング(右上) ヨーロピアングラス,シュミレーテッド・パール,ギルデッド・メタル,ラインストーン／プライベート・コレクション
　ピンブローチ　ヨーロピアングラス,ラインストーン,ギルデッド・メタル　プライベート・コレクション
　ブローチ　ヨーロピアングラス,ギルデッド・メタル,ラインストーン

3. ネックレス&ブローチのパリュール
　ヨーロピアングラス
4. ネックレス&イヤリングのパリュール
　ヨーロピアングラス,スティールビーズ,ラインストーン,バーニッシュド・メタル

5. ネックレス&イヤリングのパリュール
　ヨーロピアングラス,ギルデッド・メタル
6. ネックレス&イヤリングのパリュール
　ヨーロピアングラス,スティールビーズ,バーニッシュド・メタル
　ブレスレット&ブローチのパリュール　アンサイン
　ヨーロピアングラス,スティールビーズ,バーニッシュド・メタル

1. ブローチ&イヤリングのパリュール+ブローチ(大)
フランク・ヘス
ブローチ(2点)にホースシューサインド
ヨーロピアングラス, ラインストーン

2. ブローチ&イヤリングのパリュール
ヨーロピアングラス, バーニッシュド・メタル

3. ブローチ&イヤリングのパリュール
ヨーロピアングラス, シミュレーテッド・パール, ミラーバック, エナメルドリーフ, ギルデッド・メタル
プライベート・コレクション

4. ブローチ
ヨーロピアングラス
プライベート・コレクション

5. カラー(えり状の)ネックレス
ヨーロピアングラス

6. ブローチ&イヤリングのパリュール
ベークライト, ラインストーン
プライベート・コレクション

7. ブローチ&イヤリングのパリュール
ヨーロピアングラス, ラインストーン, ギルデッド・メタル
プライベート・コレクション

8. イヤリング
ヨーロピアングラス, シミュレーテッド・パール, ラインストーン, ギルデッド・メタル
プライベート・コレクション

9. ブローチ&イヤリングのパリュール
　ヨーロピアングラス, ギルデッド・メタル

10. ネックレス, イヤリング, ブレスレット&
　ブローチのパリュール
　シミュレーテッド・パール, ギルデッド・メタル, ヨーロピアングラス

11. イヤリング2点
　ヨーロピアングラス, ギルデッド・メタル, ミラーバック
　※右のイヤリングはプライベート・コレクション

12. ピンブローチ
　サインレス
　ヨーロピアングラス, ギルデッド・メタル
　プライベート・コレクション

13. ブルーとオレンジの花のイヤリング
　コーラル, シミュレーテッド・パール, ラインストーン, ミラーバック
　イヤリング
　コーラル, ヨーロピアングラス, ギルデッド・メタル
　ブローチ&イヤリングのパリュール
　コーラル, ミラーバック, ギルデッド・メタル

14. ブレスレット&イヤリングのパリュール
　フランク・ヘス／ブレスレットはサインレス
　ヨーロピアングラス, ミラーバック, ギルデッド・メタル

15. ブローチ&イヤリングのパリュール
　ヨーロピアングラス, ミラーバック, ラインストーン
　プライベート・コレクション

16. イヤリング
　フランク・ヘス／ホースシューサインド
　ヨーロピアングラス, ギルデッド・メタル

青 空 と 潮 騒 の 色

Blue
ブルー

**ネックレス, ブローチ＆イヤリングの
パリュール＋ネックレス**
ヨーロピアングラス, シミュレーテッド・
パール, ラインストーン, ミラーバック, ギ
ルデッド・メタル
すべてプライベート・コレクション

イヤリング
ヨーロピアングラス, シミュレーテッド・
パール, ラインストーン, ミラーバック, ギ
ルデッド・メタル
プライベート・コレクション
※写真左側の2連のネックレスとパリ
ュール

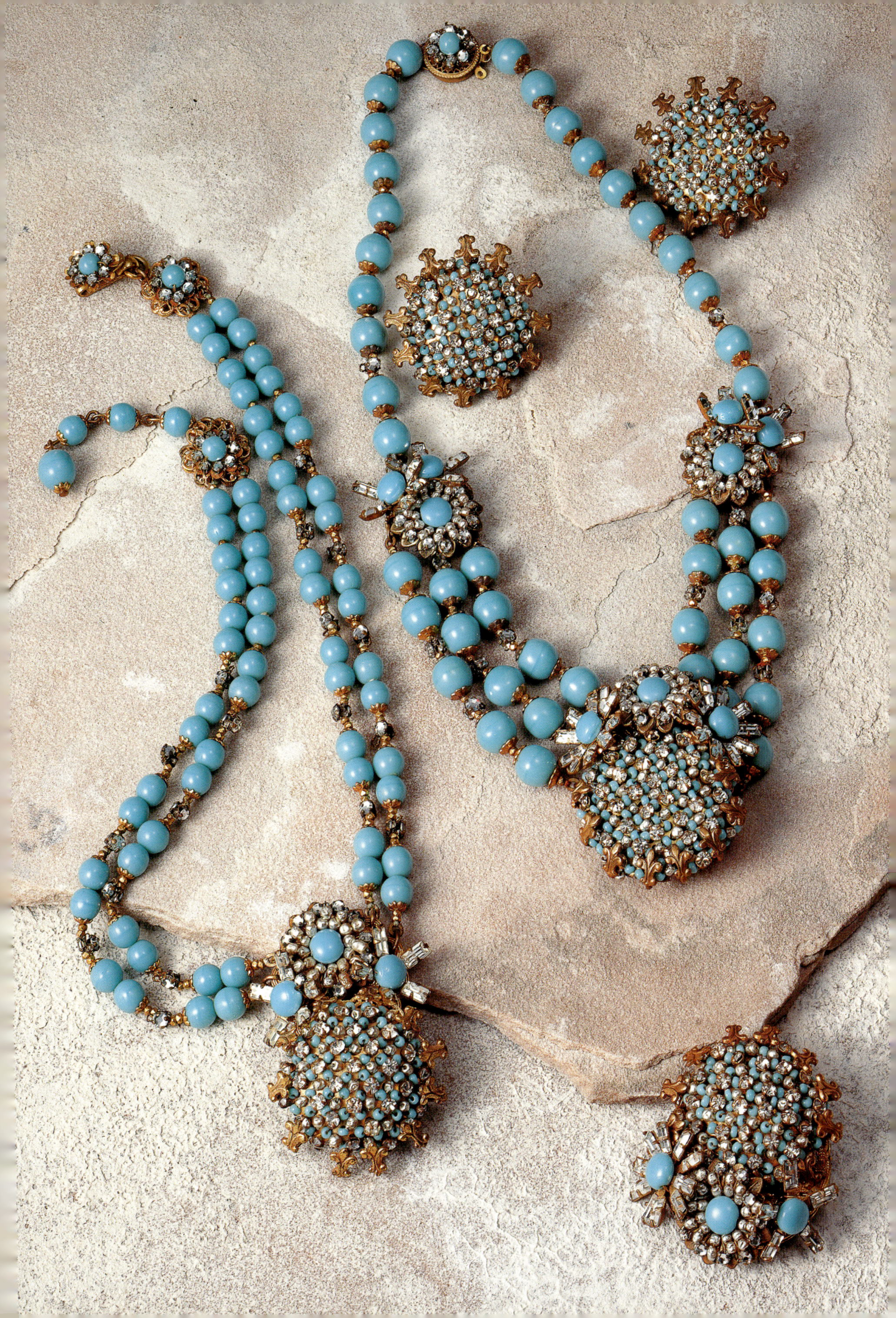

1

2

3

4

1. ネックレス＆イヤリングのパリュール
   ヨーロピアングラス, ラインストーン, ミラーバック, ギルデッド・メタル
   プライベート・コレクション

2. ネックレス, ブローチ＆イヤリングのパリュール
   ヨーロピアングラス, マザーオブパール フィニッシュドパーツ
   プライベート・コレクション

3. ネックレス
   ヨーロピアングラス, ミラーバック, ラインストーン, ギルデッド・メタル
   プライベート・コレクション

4. ネックレス, ブローチ＆イヤリングのパリュール
   ヨーロピアングラス, ミラーバック, シルバード・メタル
   プライベート・コレクション

5. ネックレス, ブローチ＆イヤリングのパリュール
   ヨーロピアングラス, ミラーバック, ラインストーン, ギルデッド・メタル

6. ネックレス＆ブレスレットのバリュール
   ヨーロピアングラス, ミラーバック, ラインストーン

7. ブローチとブレスレット
   ※写真5のパリュール／写真5.6.7はすべてバリエーション

8. ネックレス＆ブレスレットのパリュール
   ヨーロピアングラス, ギルデッド・メタル, ミラーバック
   プライベート・コレクション

9. イヤリング
   ヨーロピアングラス, ギルデッド・メタル, ミラーバック
   プライベート・コレクション
   ※写真8とパリュール

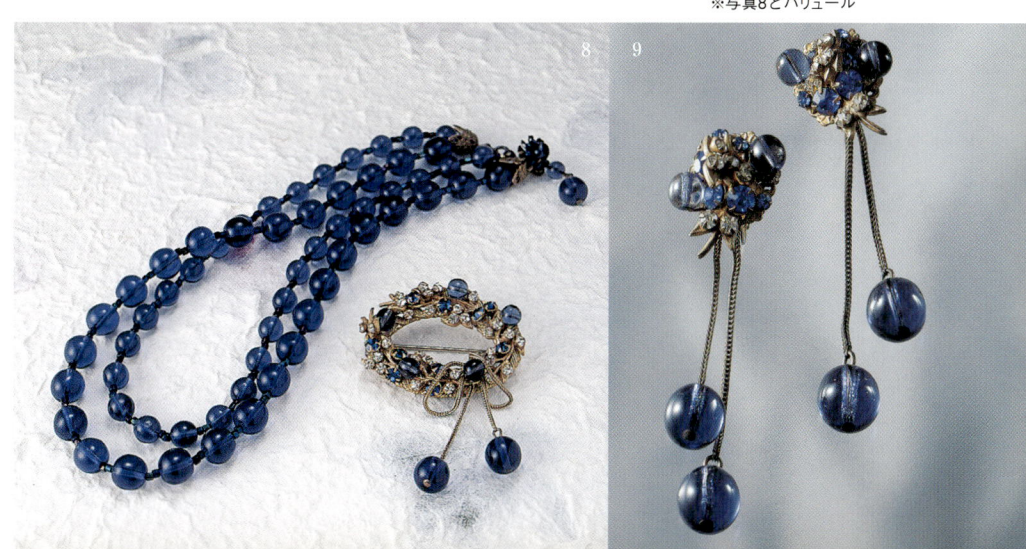

1. ブローチ
   ヨーロピアングラス, ミラーバック, ギルデッド・メタル, シミュレーテッド・パール
2. イヤリング
   ヨーロピアングラス, ミラーバック, ギルデッド・メタル
   プライベート・コレクション
3. イヤリング
   ヨーロピアングラス ミラーバック, ギルデッド・メタル
4. イヤリング
   ヨーロピアングラス, ラインストーン, ミラーバック, ギルデッド・メタル
   プライベート・コレクション
5. イヤリング（大）
   ホースシューサインド
   イヤリング（小）
   ホースシューサインド
   ブローチ
   3点ともすべてフランク・ヘス
   ヨーロピアングラス, ミラーバック, ラインストーン, ギルデッド・メタル
   すべてプライベート・コレクション
6. ピンブローチ
   ヨーロピアングラス, ミラーバック, ギルデッド・メタル／プライベート・コレクション
7. ネックレス
   ヨーロピアングラス, ギルデッド・メタル
8. ブローチ＆イヤリングのパリュール
   ヨーロピアングラス, ミラーバック, ギルデッド・メタル
   プライベート・コレクション
9. イヤリング
   ヨーロピアングラス, ラインストーン, ミラーバック, ギルデッド・メタル
   プライベート・コレクション
10. ブローチ
    シミュレーテッド・パール, ヨーロピアングラス, ミラーバック, ギルデッド・メタル
    プライベート・コレクション
11. ネックレス＆イヤリング
    ヨーロピアングラス, ギルデッド・メタル, シミュレーテッド・パール
    プライベート・コレクション

12. ブローチ
　　ヨーロピアングラス, ギルデッド・メタル
　　プライベート・コレクション

13. ブローチ&イヤリングのパリュール
　　ヨーロピアングラス, ミラーバック, ギルデッド・メタル

14. ブレスレット, ブローチ&イヤリングのパリュール
　　ヨーロピアングラス, ラインストーン, ギルデッド・メタル

15. ネックレス
　　ヨーロピアングラス, ギルデッド・メタル
　　ミラーバック, ラインストーン

16. ブローチ&イヤリングのパリュール
　　ヨーロピアングラス, ラインストーン, ミラーバック, ギルデッド・メタル
　　プライベート・コレクション

17. ブローチ&イヤリングのパリュール
　　ヨーロピアングラス, シミュレーテッド・パール, ギルデッド・メタル

18. ネックレス&ブローチのパリュール
　　ヨーロピアングラス, ギルデッド・メタル, シミュレーテッド・パール
　　※写真17.18はバリエーション

1 2
3 4

5    6

7

1. ネックレス&ブローチのパリュール+イヤリング
   ヨーロピアングラス シミュレーテッド・パール, ラインストーン, ミラーバック
   プライベート・コレクション

2. ネックレス, &イヤリングのパリュール
   ヨーロピアングラス, シミュレーテッド・パール, ラインストーン
   プライベート・コレクション

3. ネックレス
   ピーター・レインズ／1960年代後半
   ヨーロピアングラス, エナメルドリーフ, シミュレーテッド・パール, ミラーバック／プライベート・コレクション

4. ネックレス, ブローチ&イヤリングのパリュール
   ロバート・F・クラーク／1960年頃
   シミュレーテッド・パール, ミラーバック, ギルデッド・メタル, ヨーロピアングラス／プライベート・コレクション

5. ネックレス&イヤリングのパリュール
   ヨーロピアングラス, ミラーバック, ギルデッド・メタル

6. ネックレス&イヤリングのパリュール
   ヨーロピアングラス, シミュレーテッド・パール／プライベート・コレクション

7. ネックレス&イヤリングのパリュール
   ヨーロピアングラス, ラインストーン, ミラーバック／プライベート・コレクション

1. **ネックレス&イヤリングのパリュール**
   シミュレーテッド・パール、ヨーロピアングラス、ギルデッド・メタル、ミラーバック
   プライベート・コレクション

2. **ネックレス、イヤリング&ブレスレットのパリュール**
   ヨーロピアングラス、ラインストーン、ミラーバック

3. **ネックレス&イヤリングのパリュール**
   ヨーロピアングラス、ミラーバック、シミュレーテッド・パール、ラインストーン、ギルデッド・メタル/プライベート・コレクション

4. **イヤリング**
   ビータ・レインズ/1960年代後半
   ヨーロピアングラス、シミュレーテッド・パール、ミラーバック、ギルデッド・メタル
   プライベート・コレクション

5. **ブローチ**
   シミュレーテッド・パール、ラインストーン
   プライベート・コレクション

6. **ブローチ&イヤリングのパリュール**
   ヨーロピアングラス、ラインストーン
   プライベート・コレクション

7. **ブローチ&イヤリングのパリュール**
   ヨーロピアングラス、ギルデッド・メタル/プライベート・コレクション

8. **ブローチ**
   フランク・ヘス
   ヨーロピアングラス、ギルデッド・メタル
   プライベート・コレクション

9. **ブローチ&イヤリングのパリュール**
   ヨーロピアングラス、ミラーバック
   プライベート・コレクション

10. **ブローチ(リング型)**
    サインレス
    ヨーロピアングラス、ミラーバック、ギルデッド・メタル
    ブローチ(右上)
    ロバート・F・クラーク/1960年代中頃
    ヨーロピアングラス、ラインストーン、ギルデッド・メタル
    ブローチ(左上)
    ヨーロピアングラス、ラインストーン、ギルデッド・メタル、シミュレーテッド・パール

11. **ブローチ**
    ヨーロピアングラス、ラインストーン、シミュレーテッド・パール、ギルデッド・メタル/プライベート・コレクション

12. **イヤリング**
    シミュレーテッド・パール、ヨーロピアングラス
    プライベート・コレクション

13. **ブレスレット&イヤリングのパリュール**
    ホースシューサインド
    シミュレーテッド・パール、ギルデッド・メタル、ミラーバック、ヨーロピアングラス、ラインストーン

4
5
6
7
8
9
10
11
12
13

神 秘 へ の い ざ な い の 色

Green
グリーン

ブローチ＆イヤリングのパリュール
ヨーロピアングラス,ギルデッド・メタル,ミラーバック

1. ネックレス&イヤリングのパリュール
   ヨーロピアングラス、ギルデッド・メタル

2. ネックレス&ブローチのパリュール+イヤリング
   ヨーロピアングラス、シミュレーテッド・パール、ギルデッド・メタル
   プライベート・コレクション

3. ネックレス、イヤリングのパリュール+イヤリング
   フランク・ヘス
   ヨーロピアングラス、ラインストーン、ギルデッド・メタル、ヴァセリングラス
   プライベート・コレクション
   ※右のイヤリングは、写真4とパリュール

4. ネックレス、ブローチ&ブレスレットのパリュール
   フランク・ヘス／ブローチにホースシューサインド
   ヴァセリングラス、ヨーロピアングラス、ラインストーン、ギルデッド・メタル

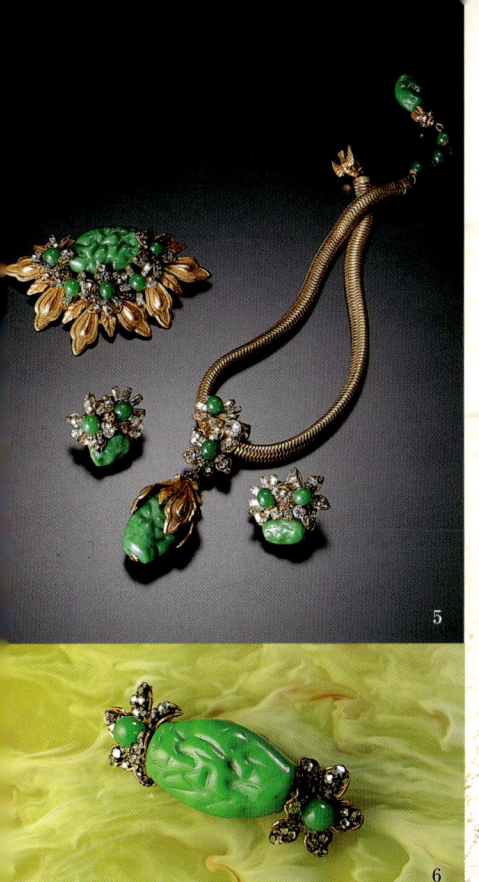

5. ネックレス,ブローチ&イヤリングの
   パリュール
   ブローチはサインレス
   ヨーロピアングラス,ギルデッド・メタル
   ラインストーン,ミラーバック

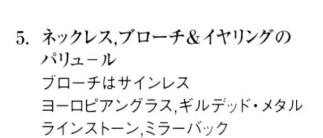

6. ブローチ
   写真5.のバリエーション

7. ネックレス&イヤリングのパリュール
   ヨーロピアングラス,ミラーバック,ギル
   デッド・メタル,コーラル

8. ネックレス&イヤリングのパリュール
   ヨーロピアングラス,ギルデッド・メタル

9. ネックレス&イヤリングのパリュール
   ヨーロピアングラス,ギルデッド・メタル
   ミラーバック

10. ブローチ&イヤリングのパリュール
    ヨーロピアングラス,ギルデッド・メタル

1. ネックレス&イヤリングのパリュール
フランク・ヘス／1950年代前半
ヨーロピアングラス、シミュレーテッド・パール、ミラーバック、ギルデッド・メタル、ラインストーン
プライベート・コレクション
※写真1.2.3.はバリエーション

2. ブローチ&イヤリングのパリュール
フランク・ヘス／1950年代前半
ヨーロピアングラス、シミュレーテッド・パール、ミラーバック、ギルデッド・メタル、ラインストーン
プライベート・コレクション

3. ネックレス&イヤリングのパリュール
フランク・ヘス／1950年代前半
ヨーロピアングラス、シミュレーテッド・パール、ミラーバック、ギルデッド・メタル、ラインストーン
プライベート・コレクション

4. ネックレス&イヤリング
ヨーロピアングラス、ミラーバック、ラインストーン
イヤリングはプライベート・コレクション

5. ネックレス&イヤリングのパリュール
ヨーロピアングラス、ギルデッド・メタル、ミラーバック

6. ネックレス、イヤリング
ヨーロピアングラス、ミラーバック、ラインストーン

7. ネックレス&イヤリングのパリュール+ブローチ
   ヨーロピアングラス,ラインストーン,ミラーバック,ギルデッド・メタル
   プライベート・コレクション
   ※ブローチはバリエーション

8. ネックレス&イヤリングのパリュール
   ヨーロピアングラス,ギルデッド・メタル,ラインストーン
   プライベート・コレクション

9. ネックレス
   サインレス
   ヨーロピアングラス,ギルデッド・メタル,ミラーバック
   ※使用パーツが同じなので、ハスケルと認められるが、工法が違う
   カバーの裏座を使っていない部分が多い

10. ネックレス&イヤリングのパリュール
    ヴァセリングラス,ギルデッド・メタル,ヨーロピアングラス

11. ネックレス&イヤリングのパリュール
    ヨーロピアングラス,ミラーバック,ギルデッド・メタル
    ※ネックレスは本来2連ブレスレットだったもの

12. ネックレス
    ヨーロピアングラス,ギルデッド・メタル,ミラーバック
    プライベート・コレクション

13. ネックレス
    ヨーロピアングラス
    プライベート・コレクション

14. ネックレス
    ヨーロピアングラス,ギルデッド・メタル
    プライベート・コレクション

1. ブローチ＆イヤリングのパリュール
 ヨーロピアングラス、ミラーバック、ギルデッド・メタル
 プライベート・コレクション

2. ブローチ＆イヤリングのパリュール
 ヨーロピアングラス、ギルデッド・メタル、ラインストーン、ミラーバック、ヴァセリングラス

3. ブローチ＆イヤリングのパリュール
 ヨーロピアングラス、ギルデッド・メタル
 プライベート・コレクション

4. ネックレス＆イヤリングのパリュール
 フランク・ヘス／1950年代前半
 シミュレーテッド・パール、ミラーバック、ヨーロピアングラス

5. ネックレス＆ブローチのパリュール
 ヨーロピアングラス、シミュレーテッド・パール、ミラーバック、バーニッシュド・メタル
 プライベート・コレクション

6. ネックレス
 ヨーロピアングラス、シミュレーテッド・パール
 プライベート・コレクション

7. ネックレス＆ブレスレットのパリュール
 シミュレーテッド・パール、ヴェネツィアングラス、ラインストーン、ミラーバック
 プライベート・コレクション

8. ネックレス＆イヤリングのパリュール
 シミュレーテッド・パール、ヨーロピアングラス、ラインストーン、ミラーバック

9. ブローチ＆イヤリングのパリュール
   フランク・ヘス
   ヨーロピアングラス, ミラーバック, ギルデッド・メタル
   プライベート・コレクション

10. ブローチ＆イヤリングのパリュール
    フランク・ヘス／イヤリングにホースシューサインド
    ヨーロピアングラス, ミラーバック, ギルデッド・メタル
    プライベート・コレクション

9    10

11. ネックレス, ブローチ, イヤリングのパリュール
    ヨーロピアングラス, ギルデッド・メタル, ラインストーン, ミラーバック

12. ブローチ
    ヨーロピアングラス, ギルデッド・メタル, ラインストーン
    ※写真11はバリエーション

11

12

1. **イヤリング**
ヨーロピアングラス,シミュレーテッド・パール,ミラーバック,ギルデッド・メタル,ラインストーン／プライベート・コレクション

2. **イヤリング**
ヨーロピアングラス,ミラーバック,ラインストーン／プライベート・コレクション

3. **イヤリング**
ヨーロピアングラス,シミュレーテッド・パール,ギルデッド・メタル プライベート・コレクション

4. **ブローチ,イヤリングのパリュール2組**
ヨーロピアングラス,ラインストーン,ミラーバック,ヴァセリングラス,ギルデッド・メタル

5. **イヤリング**
ヨーロピアングラス,ラインストーン,ミラーバック

6. **イヤリング**
ヨーロピアングラス,ミラーバック,ラインストーン／プライベート・コレクション

7. **イヤリング**
ヨーロピアングラス,シミュレーテッド・パール,ギルデッド・メタル プライベート・コレクション

8. **ブレスレット**
ヨーロピアングラス,シミュレーテッド・パール プライベート・コレクション

9. **ブローチ＆イヤリングのパリュール**
シルバード・メタル,ヨーロピアングラス,ミラーバック／プライベート・コレクション

10. **ブローチ＆イヤリングのパリュール**
ヨーロピアングラス,シルバード・メタル プライベート・コレクション

11. **リング**
ヨーロピアングラス,ギルデッド・メタル／プライベート・コレクション

12. **ブローチ＆イヤリングのパリュール**
ヨーロピアングラス,ギルデッド・メタル

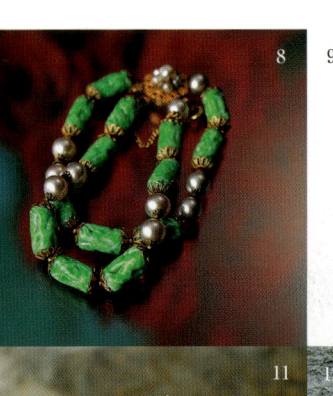

13. **イヤリング（上）**
フランク・ヘス／ホースシューサインド
ヨーロピアングラス, ギルデッド・メタル
ラインストーン, ミラーバック
イヤリング（下）
ヨーロピアングラス, ギルデッド・メタル
ラインストーン, ミラーバック

14. **イヤリング**
シミュレーテッド・パール, エナメルドリーフ, ギルデッド・メタル
プライベート・コレクション

15. **ブローチ**
ヨーロピアングラス, ギルデッド・メタル
ラインストーン
イヤリング
フランク・ヘス／ホースシューサインド
ヨーロピアングラス, ミラーバック, ギルデッド・メタル, ヴァセリングラス

16. **ブローチ3点とイヤリング**
ヨーロピアングラス, ラインストーン, ミラーバック, ヴァセリングラス, ギルデッド・メタル
イヤリングとブローチ（大）はプライベート・コレクション

17. **イヤリング**
ヨーロピアングラス, ギルデッド・メタル
ラインストーン

18. **イヤリング**
ヨーロピアングラス, ラインストーン
ギルデッド・メタル
プライベート・コレクション

19. **イヤリング**
ヨーロピアングラス, ラミラーバック
シミュレーテッド・パール／プライベート・コレクション

20. **ブローチ2点**
右のブローチはフランク・ヘス／ホースシューサインド
ヨーロピアングラス, ミラーバック, ギルデッド・メタル, ラインストーン, バーニッシュド・メタル

21. **ブローチ**
ヨーロピアングラス, マザーオブパールフィニッシュドパーツ, シミュレーテッド・パール, ミラーバック, ギルデッド・メタル
プライベート・コレクション

22. **ブローチ**
フランク・ヘス／ホースシューサインド
ヨーロピアングラス, ギルデッド・メタル

23. **ブローチ**
ヨーロピアングラス, ラインストーン, ギルデッド・メタル, ミラーバック

儚さと冷やかさの
クリスタルなきらめき

Clear
クリア

ネックレス,ブローチ＆イヤリングのパリュール
ヨーロピアングラス,ギルデッド・メタル,
ラインストーン,ミラーバック

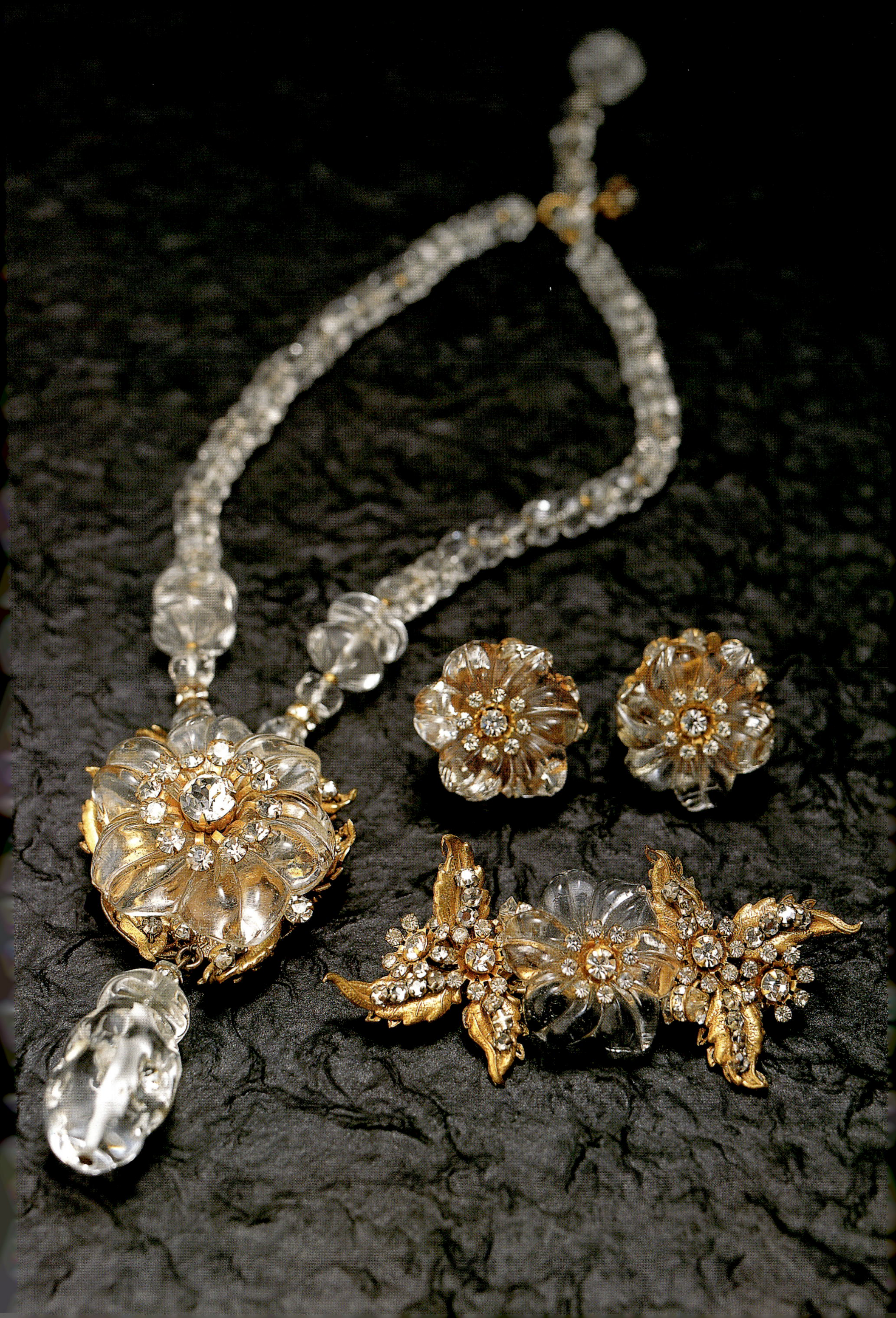

1
2
3
4

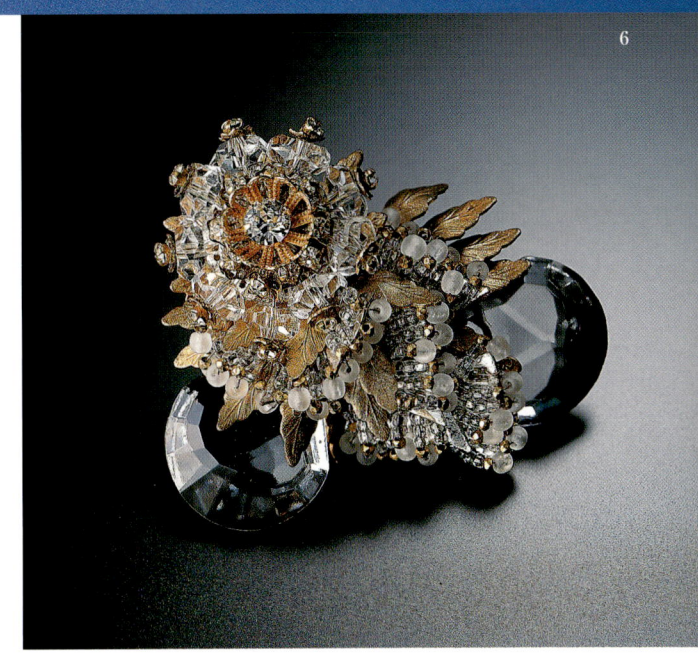

1. ネックレス&ブローチ
   ヨーロピアングラス, ラインストーン, ミラーバック, ギルデッド・メタル

2. ネックレス, ブローチ&イヤリングのパリュール
   ヨーロピアングラス, シルバード・メタル, ミラーバック, ラインストーン／プライベート・コレクション

3. ネックレス&イヤリングのパリュール
   ヨーロピアングラス, ラインストーン

4. ネックレス（左）
   ヨーロピアングラス, ギルデッド・メタル, ミラーバック
   ネックレス（右）
   ヨーロピアングラス, ミラーバック

5. ネックレス&イヤリングのパリュール2組
   ヨーロピアングラス, ミラーバック, ギルデッド・メタル, ラインストーン

6. ブローチ
   ヨーロピアングラス, ラインストーン, ギルデッド・メタル, ミラーバック ※写真5のパリュール

1

2

1. ネックレス&イヤリングのパリュール
   ヨーロピアングラス, ラインストーン
   プライベート・コレクション
   ブローチ, ブレスレット&イヤリングのパリュール
   ヨーロピアングラス, ラインストーン
   プライベート・コレクション

2. ネックレス, ブローチ&イヤリングのパリュール
   ヨーロピアングラス, ラインストーン
   プライベート・コレクション

3. イヤリング6点+ブローチ1点
   ヨーロピアングラス, ギルデッド・メタル, ミラーバック／上段左と下段2点はプライベート・コレクション

4. ブローチ
   ヨーロピアングラス, ラインストーン

5. ブローチ
   ヨーロピアングラス, ラインストーン, ミラーバック

純 白 の 無 垢

White
ホワイト

ブローチ&イヤリングのパリュール
ヨーロピアングラス／プライベート・コレクション
ネックレス
ヨーロピアングラス／プライベート・コレクション
ブローチ(右)
フランク・ヘス／ホースシューサインド
ヨーロピアングラス,ギルデッド・メタル／プライベート・コレクション

1. ネックレス&イヤリングのパリュール
   ヨーロピアングラス,ラインストーン
   プライベート・コレクション

2. ネックレス&ブローチのパリュール
   フランク・ヘス／1950年代／ブローチ
   にホースシューサインド
   ヨーロピアングラス,ラインストーン,ミ
   ラーバック,シルバード・メタル

3. イヤリング
   ヨーロピアングラス,シミュレーテッ
   ド・パール
   プライベート・コレクション

4. ブレスレット
   ロバート・F・クラーク／1960年代
   ヨーロピアングラス
   プライベート・コレクション

5. ネックレス
   ヨーロピアングラス,ラインストーン,ミ
   ラーバック,ギルデッド・メタル,シミュレー
   テッド・パール
   プライベート・コレクション

6. イヤリング
　　ヨーロピアングラス, ミラーバック
　　プライベート・コレクション

7. ブローチ
　　ヨーロピアングラス, シミュレーテッド・パール, ミラーバック

8. イヤリング3点
　　ヨーロピアングラス, ギルデッド・メタル, ミラーバック
　　左1点をのぞきプライベート・コレクション

9. ネックレス　ヨーロピアングラス／プライベート・コレクション
　　イヤリング（上）　ヨーロピアングラス／プライベート・コレクション
　　ブローチ（上）　ヨーロピアングラス／プライベート・コレクション
　　ブローチ＆イヤリングのパリュール（中）　ヨーロピアングラス, シルバード・メタル, ラインストーン, ミラーバック
　　イヤリング（右）　フランク・ヘス／1950年代初期／ヨーロピアングラス, ミラーバック, エナメルドリーフ, ラインストーン
　　ブローチ（下）　ヨーロピアングラス, ギルデッド・メタル／プライベート・コレクション

太古からの普遍のあこがれ

Gold
ゴールド

ブローチ, イヤリング&ブレスレットのパリュール
フランク・ヘス／1940年代後半
ヨーロピアングラス, ギルデッド・メタル, シミュレーテッド・パール
プライベート・コレクション

1. **ネックレス&イヤリングのパリュール＋ブローチ**
シミュレーテッド・パール,ギルデッド・メタル,ミラーバック／プライベート・コレクション

2. **ネックレス**
シミュレーテッド・パール,ギルデッド・メタル,ミラーバック

3. **ネックレス**
サインレス
ヨーロピアングラス,シミュレーテッド・パール,ラインストーン,ミラーバック,ギルデッド・メタル

4. **ネックレス**
ヨーロピアングラス,ミラーバック,ギルデッド・メタル,ラインストーン

5. **イヤリング2点**
ギルデッド・メタル，ラインストーン，ミラーバック

7. **ブローチ**
フランク・ヘス／ホースシューサインド　ギルデッド・メタル，ラインストーン，ミラーバック／プライベート・コレクション

9. **ブローチ**
フランク・ヘス／ホースシューサインド　ギルデッド・メタル，ラインストーン，ミラーバック／プライベート・コレクション

6. **ブローチ＆イヤリングのパリュール**
フランク・ヘス／ブローチにホースシューサインド　シルバード・メタル，ギルデッド・メタル，ミラーバック

8. **ブローチ＆イヤリングのパリュール＋ブローチ**
ミラーバック，ギルデッド・メタル，ラインストーン，シミュレーテッド・パール／それぞれプライベート・コレクション

深淵の奥から輝く静寂

Black
ブラック

ネックレス＆ブローチのパリュール
ヨーロピアングラス,ギルデッド・メタル,ミラーバック,ラインストーン

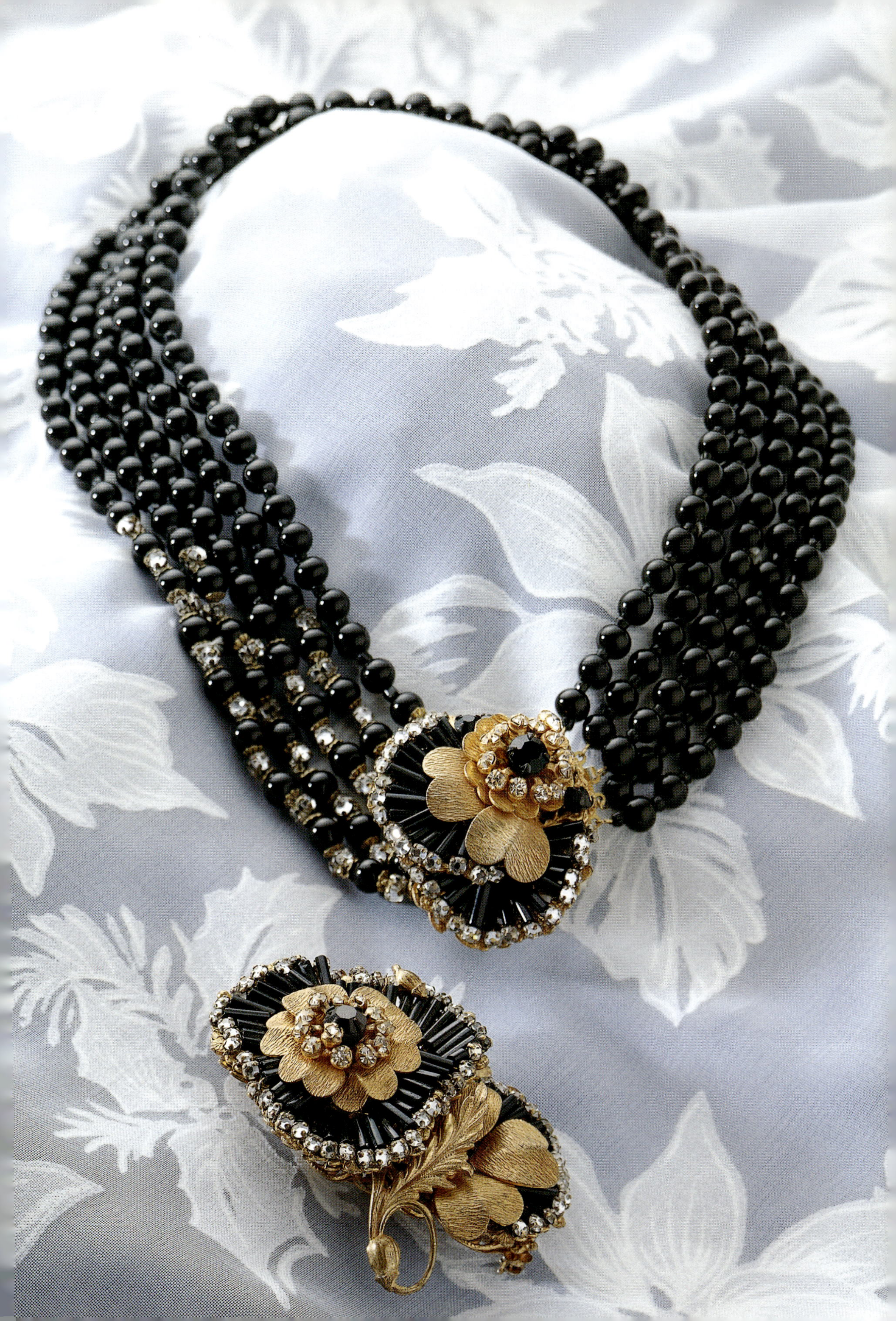

1. ネックレス、ブレスレット＆イヤリングの
   パリュール
   ヨーロピアングラス，ブラックペイントメタル
   プライベート・コレクション

2. ネックレス＆ブレスレットのパリュール
   ヨーロピアングラス，ラインストーン
   プライベート・コレクション

3. ネックレス＆イヤリングのパリュール
   ヨーロピアングラス，ミラーバック
   プライベート・コレクション

4. ネックレス＆イヤリングのパリュール
   ヨーロピアングラス
   プライベート・コレクション

5. ネックレス＆イヤリングのパリュール
   シミュレーテッド・パール、ヨーロピアングラス
   プライベート・コレクション

6. ブローチ
   シミュレーテッド・パール、ヨーロピアングラス
   プライベート・コレクション
   ※写真5とセットでネックレス、ブローチ＆イヤリングのパリュール

7. ネックレス＆イヤリングのパリュール＋イヤリング2点
   ヨーロピアングラス、ラインストーン
   それぞれプライベート・コレクション

8. ネックレス
   シミュレーテッド・パール、ヨーロピアングラス
   マザーオブパールフィニッシュドパーツ
   プライベート・コレクション

9. ネックレス＆イヤリングのパリュール＋ブローチ
   ヨーロピアングラス
   ブローチはプライベート・コレクション

1. **ネックレス&イヤリングのパリュール**
ヨーロピアングラス、ギルデッド・メタル、ミラーバック、ラインストーン
プライベート・コレクション

2. **ネックレス&イヤリングのパリュール**
ヨーロピアングラス、ミラーバック、ギルデッド・メタル、ラインストーン
プライベート・コレクション

3. **ブローチ&イヤリングのパリュール**
ヨーロピアングラス、ミラーバック、ラインストーン、ギルデッド・メタル
プライベート・コレクション
※写真2はバリエーション

4. **ネックレス＋イヤリング**
ヨーロピアングラス,ギルデッド・メタル
シミュレーテッド・パール
どちらもプライベート・コレクション

5. **イヤリング4点**
ヨーロピアングラス,ギルデッド・メタル
星形以外のイヤリングはプライベート・コレクション

※写真4のネックレスと写真5の星形のイヤリングはパリュール

1. ブローチ＆イヤリングのパリュール
ヨーロピアングラス, ミラーバック
プライベート・コレクション

2. イヤリング
ヨーロピアングラス, シミュレーテッド・パール
ラインストーン
プライベート・コレクション

3. ブローチ＆イヤリングのパリュール
ヨーロピアングラス, ラインストーン
プライベート・コレクション

4. ブローチ
ヨーロピアングラス
プライベート・コレクション

5. イヤリング
ヨーロピアングラス, ラインストーン, ミラーバック／プライベート・コレクション

6. イヤリング
ヨーロピアングラス, ギルデッド・メタル／プライベート・コレクション

7. ネックレス
シミュレーテッド・パール, マザーオブパールフィニッシュドパーツ
プライベート・コレクション

8. イヤリング3点＋ブローチ
ヨーロピアングラス, ラインストーン, ミラーバック
ティアードロップのイヤリングとブローチはプライベート・コレクション

9. ブローチ&イヤリングのパリュール
メタリックグラス,スティールビーズ,バーニッシュド・メタル,ラインストーン
※写真10とパリュール

10. ネックレス
メタリックグラス,バーニッシュド・メタル,スティールビーズ,シミュレーテッド・パール,ラインストーン
※写真9とパリュール

11. イヤリング
スティールビーズ,ラインストーン,シミュレーテッド・パール

12. ブローチ&イヤリングのパリュール
フランク・ヘス/イヤリングにホースシューサインド
スティールビーズ,ミラーバック,メタリックグラス,バーニッシュド・メタル

13. ブローチ&イヤリングのパリュールとバリエーションのブローチ
ラインストーン,ミラーバック,ギルデッド・メタル

海 か ら 生 ま れ た 東 洋 の 恒 久

Pearl
パール

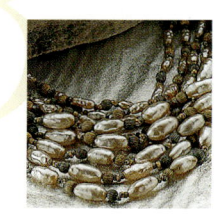

ネックレス＆ブローチのパリュール ＋ イヤリング
フランク・ヘス／1950年代後半
シミュレーテッド・パール, ギルデッド・メタル, ラインストーン
ブローチとイヤリングはプライベート・コレクション

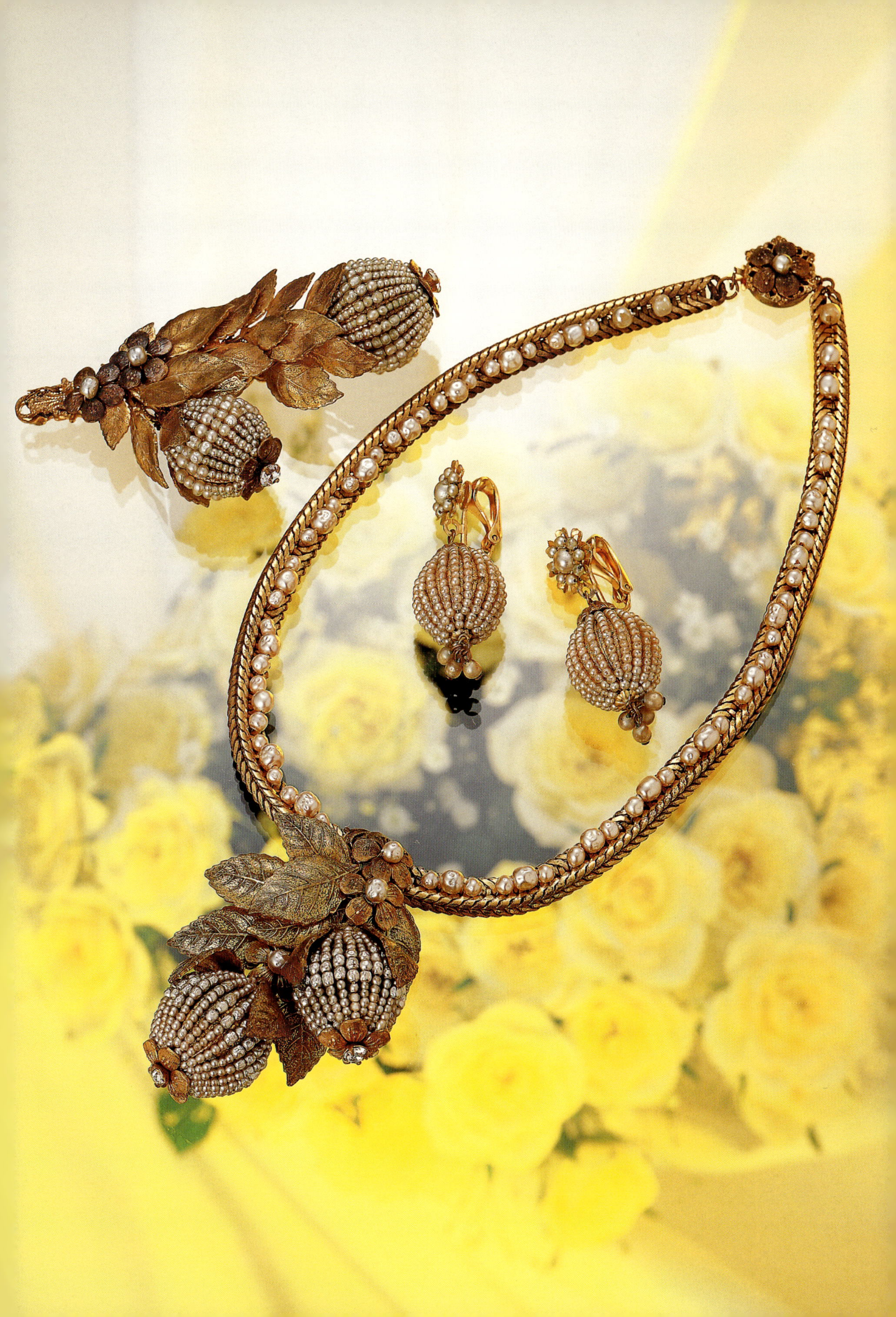

1. ネックレス、ブレスレット＆イヤリングのパリュール
   シミュレーテッド・パール、ギルデッド・メタル、ミラーバック、ラインストーン

2. ネックレス、ブローチ＆イヤリングのパリュール
   シミュレーテッド・パール、ギルデッド・メタル、ミラーバック／プライベート・コレクション

3. ネックレス、ブローチ＆イヤリングのパリュール
   シミュレーテッド・パール、ギルデッド・メタル、ミラーバック／プライベート・コレクション

4. ネックレス、ブレスレット＆イヤリングのパリュール＋イヤリング
   シミュレーテッド・パール、ミラーバック、ギルデッド・メタル

5. ネックレス,ブローチ,ブレスレット&イヤリングのパリュール
シミュレーテッド・パール,ギルデッド・メタル,ミラーバック/プライベート・コレクション

7. ネックレス&イヤリングのパリュール
シミュレーテッド・パール,ミラーバック,ラインストーン,ギルデッド・メタル/プライベート・コレクション

6. ネックレス,ブローチ,ブレスレット&イヤリングのパリュール
ホースシューサインド
シミュレーテッド・パール,ギルデッド・メタル,ミラーバック
プライベート・コレクション

8. ネックレス,ブローチ,ブレスレット&イヤリングのパリュール+ブレスレット
フランク・ヘス/ブローチにホースシューサインド
シミュレーテッド・パール,ギルデッド・メタル,ミラーバック

1. ネックレス&イヤリングのパリュール
   フランク・ヘス／イヤリングにホースシューサインド
   シミュレーテッド・パール, エナメルリーフ, ラインス
   トーン, シルバークラスプ, ギルデッド・メタル

2. ネックレス&イヤリングのパリュール
   ヨーロピアングラス, シミュレーテッド・パール, ライ
   ンストーン
   プライベート・コレクション

3. ネックレス&イヤリングのパリュール
   ロバート・F・クラーク／1960年代／シミュレーテッ
   ド・パール, ギルデッド・メタル, ミラーバック

4. ネックレス&イヤリングのパリュール
   ロバート・F・クラーク／1960年代／シミュレーテッ
   ド・パール, ギルデッド・メタル, ミラーバック
   プライベート・コレクション

5. ネックレス6点
シミュレーテッド・パール、ギルデッド・メタル、ミラーバック

6. ネックレス3点＋イヤリング＋ブローチ
シミュレーテッド・パール、ミラーバック、バーニッシュド・メタル、ギルデッド・メタル、シルバード・メタル
ネックレス3点とブローチはプライベート・コレクション

1 2

3 4

5 6

1. ネックレス&ブローチのパリュール
ブローチにホースシューサインド
シミュレーテッド・パール,ギルデッド・メタル

2. ネックレス 2 点
シミュレーテッド・パール,ヨーロピアングラス,ラインストーン,ミラーバック
プライベート・コレクション

3. ネックレス&イヤリングのパリュール
ロバート・F・クラーク／1960年代
シミュレーテッド・パール,ミラーバック

4. ネックレス
フランク・ヘス／1950年代中頃
シミュレーテッド・パール,ミラーバック,ラインストーン

5. ネックレス&イヤリングのパリュール
シミュレーテッド・パール,ラインストーン,ミラーバック,ギルデッド・メタル,ヨーロピアングラス
プライベート・コレクション

6. ネックレス&イヤリングのパリュール
シミュレーテッド・パール,ラインストーン

7. ネックレス&イヤリングのパリュール
シミュレーテッド・パール,ラインストーンギルデッド・メタル
プライベート・コレクション

8. ネックレス,ブローチ&イヤリングのパリュール
ブローチにホースシューサインド
シミュレーテッド・パール,シルバード・メタル,ミラーバック
プライベート・コレクション

9. ネックレス&ブレスレットのパリュール
シミュレーテッド・パール,ヨーロピアングラス,ラインストーン,ミラーバック

10. ネックレス&ブローチのパリュール＋ブローチ
フランク・ヘス
左のブローチはホースシューサインド
シミュレーテッド・パール,ギルデッド・メタル,エナメルドリーフ,ラインストーン,ヨーロピアングラス
左のブローチはプライベート・コレクション

1. ネックレス＆イヤリングのパリュール
   シミュレーテッド・パール, ギルデッド・メタル

2. ネックレス＆イヤリングのパリュール
   シミュレーテッド・パール, マザーオブパール
   フィニッシュドパーツ, ミラーバック
   プライベート・コレクション

3. ネックレス＆イヤリングのパリュール
   シミュレーテッド・パール, ラインストーン, ギルデッド・メタル
   プライベート・コレクション

4. ネックレス
   シミュレーテッド・パール、ギルデッド・メタル
   プライベート・コレクション

5. ネックレス
シミュレーテッド・パール, ギルデッド・メタル, ミラーバック

6. ネックレス
シミュレーテッド・パール, ラインストーン, ミラーバック

7. ネックレス
シミュレーテッド・パール, ラインストーン

8. ネックレス&イヤリングのパリュール
シミュレーテッド・パール, マザーオブパールフィニッシュドパーツ, ギルデッド・メタル, ミラーバック

9. ネックレス&イヤリングのパリュール
シミュレーテッド・パール, ミラーバック, ギルデッド・メタル, ラインストーン

10. ネックレス&イヤリングのパリュール
シミュレーテッド・パール, ミラーバック
プライベート・コレクション

1

2

3

4

5

1. イヤリング6点
シミュレーテッド・パール,ミラーバック
ラインストーン,ギルデッド・メタル,シ
ルバード・メタル

2. イヤリング
ミラーバック,シミュレーテッド・パール
ギルデッド・メタル,ラインストーン
プライベート・コレクション

3. イヤリング
シミュレーテッド・パール,ギルデッド・
メタル,マザーオブパールフィニッシュ
ドパーツ／プライベート・コレクション

4. ネックレス
シミュレーテッド・パール,ギルデッド・
メタル,ミラーバック
プライベート・コレクション

5. ネックレス
シミュレーテッド・パール,ミラーバック
ラインストーン

6. ブローチ&ネックレス
シミュレーテッド・パール,ギルデッド・
メタル,ミラーバック
プライベート・コレクション

7. ブローチ&イヤリングのパリュール
シミュレーテッド・パール,ギルデッド・メ
タル

8. イヤリング
シミュレーテッド・パール,ミラーバック
ギルデッド・メタル

9. ネックレス&ブローチ
シミュレーテッド・パール,ギルデッド・
メタル
どちらもプライベート・コレクション

1. ネックレス
   フランク・ヘス／1950年代後半
   シミュレーテッド・パール, ギルデッ
   ド・メタル, ラインストーン

2. ブローチ2点
   バーニッシュド・メタル, シミュレーテッ
   ド・パール
   プライベート・コレクション

3. イヤリング
   シミュレーテッド・パール, シルバー
   ド・メタル
   プライベート・コレクション

4. ブローチ
   シミュレーテッド・パール, ギルデッ
   ド・メタル
   プライベート・コレクション

5. イヤリング（上）
   シミュレーテッド・パール, ギルデッ
   ド・メタル
   イヤリング（下）
   シミュレーテッド・パール, ギルデッ
   ド・メタル, ミラーバック／プライベー
   ト・コレクション

6. イヤリング（左）
   ラインストーン, ギルデッド・メタル
   プライベート・コレクション
   イヤリング（右）
   シミュレーテッド・パール, ギルデッド・
   メタル

7. ブローチ（右上）
   シミュレーテッド・パール, ミラー
   バック, ギルデッド・メタル
   プライベート・コレクション
   ブローチ（右下）（左上）
   ホースシューサインド
   シミュレーテッド・パール, ミラー
   バック, ギルデッド・メタル
   ブローチ（左下）
   シミュレーテッド・パール, ギルデッ
   ド・メタル
   プライベート・コレクション

8. ブローチ（上）
   シミュレーテッド・パール, ライン
   ストーン, ギルデッド・メタル, ミラ
   ーバック
   ブローチ（下）
   ホースシューサインド／ギルデッ
   ド・メタル, ラインストーン, ミラー
   バック
   プライベート・コレクション

9. ブローチ5点とピンブローチ
左下と右下のブローチはホースシューサインド
シミュレーテッド・パール、ラインストーン、ミラーバック、ギルデッド・メタル
プライベート・コレクション

10. ブローチ
シミュレーテッド・パール、ギルデッド・メタル、ミラーバック／プライベート・コレクション

11. ブローチ&イヤリングのパリュール
ブローチはサインレス
シミュレーテッド・パール、ミラーバック、スティールビーズ、バーニッシュド・メタル

12. ブローチ&イヤリングのパリュール
ブローチにホースシューサインド
シミュレーテッド・パール、ギルデッド・メタル、ミラーバック

13. ブローチ&イヤリングのパリュール
フランク・ヘス／1950年代後半
ブローチにホースシューサインド
マザーオブパールフィニッシュドパーツ、シミュレーテッド・パール

14. ブローチ&イヤリングのパリュール
シミュレーテッド・パール、ミラーバック、ギルデッド・メタル、ラインストーン
プライベート・コレクション

15. ブローチ（上）
シミュレーテッド・パール、シルバード・メタル、ラインストーン
プライベート・コレクション
ブローチ（下）
シミュレーテッド・パール、バーニッシュド・メタル、ラインストーン
プライベート・コレクション

1. **ブローチ6点＋ピンブローチ**
ブローチ5点はホースシューサインド
シミュレーテッド・パール、ミラーバック、ギルデッド・メタル、バーニッシュド・メタル、スティールビーズ

2. **オーナメンタルヘアピン**
シミュレーテッド・パール、ギルデッド・メタル、ミラーバック、ベークライト／プライベート・コレクション
ブレスレット
シミュレーテッド・パール、ギルデッド・メタル
プライベート・コレクション

3. **ブローチ（上）**
シミュレーテッド・パール、ミラーバック、ギルデッド・メタル／プライベート・コレクション
ブローチ（下）
シミュレーテッド・パール、ギルデッド・メタル

4. **ブローチ（上）**
シミュレーテッド・パール、マザーオブパールフィニッシュドパーツ、ミラーバック／プライベート・コレクション
ブローチ（下）
シミュレーテッド・パール、ギルデッド・メタル、ミラーバック／プライベート・コレクション

5. **ブローチ**
ホースシューサインド
シミュレーテッド・パール、ラインストーン、ミラーバック

6. ブローチ
   ホースシューサインド
   シミュレーテッド・パール, ギルデッ
   ド・メタル

7. ブローチ
   シミュレーテッド・パール, マザーオ
   ブパールフィニッシュドパーツ,
   ギルデッド・メタル, ラインストーン
   プライベート・コレクション

8. ブローチ
   ギルデッド・メタル, マザーオブパー
   ルフィニッシュドパーツ, シミュレ
   ーテッド・パール
   プライベート・コレクション

9. ブローチ
   シミュレーテッド・パール, ラインスト
   ーン, ギルデッド・メタル
   プライベート・コレクション

10. ブローチ
    ホースシューサインド
    シミュレーテッド・パール, ミラーバック,
    ギルデッド・メタル, ラインストーン

11. ブローチ
    シミュレーテッド・パール, ギルデッ
    ド・メタル
    プライベート・コレクション

12. ブローチ
    シミュレーテッド・パール, ギルデッ
    ド・メタル, ラインストーン
    プライベート・コレクション

13. ブローチ
    シミュレーテッド・パール, ミラーバッ
    ク, ギルデッド・メタル

14. ブローチ
    ホースシューサインド
    シミュレーテッド・パール

15. シェル形ピンブローチ&
    イヤリングのパリュール+バロック
    風フラットパールブローチ&
    イヤリングのパリュール
    シミュレーテッド・パール, ギルデッ
    ド・メタル, ラインストーン
    プライベート・コレクション

自 然 が 生 ん だ 虹 色 の 輝 き

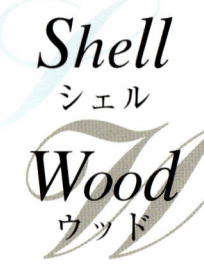

Shell シェル
Wood ウッド

ブローチ(大)とペアブローチの
パリュール
フランク・ヘス／1950年代後半
ハンドカーヴドシェル、ミラーバック、ギルデッド・メタル、ラインストーン、コーラル、シミュレーテッド・パール、ヨーロピアングラス

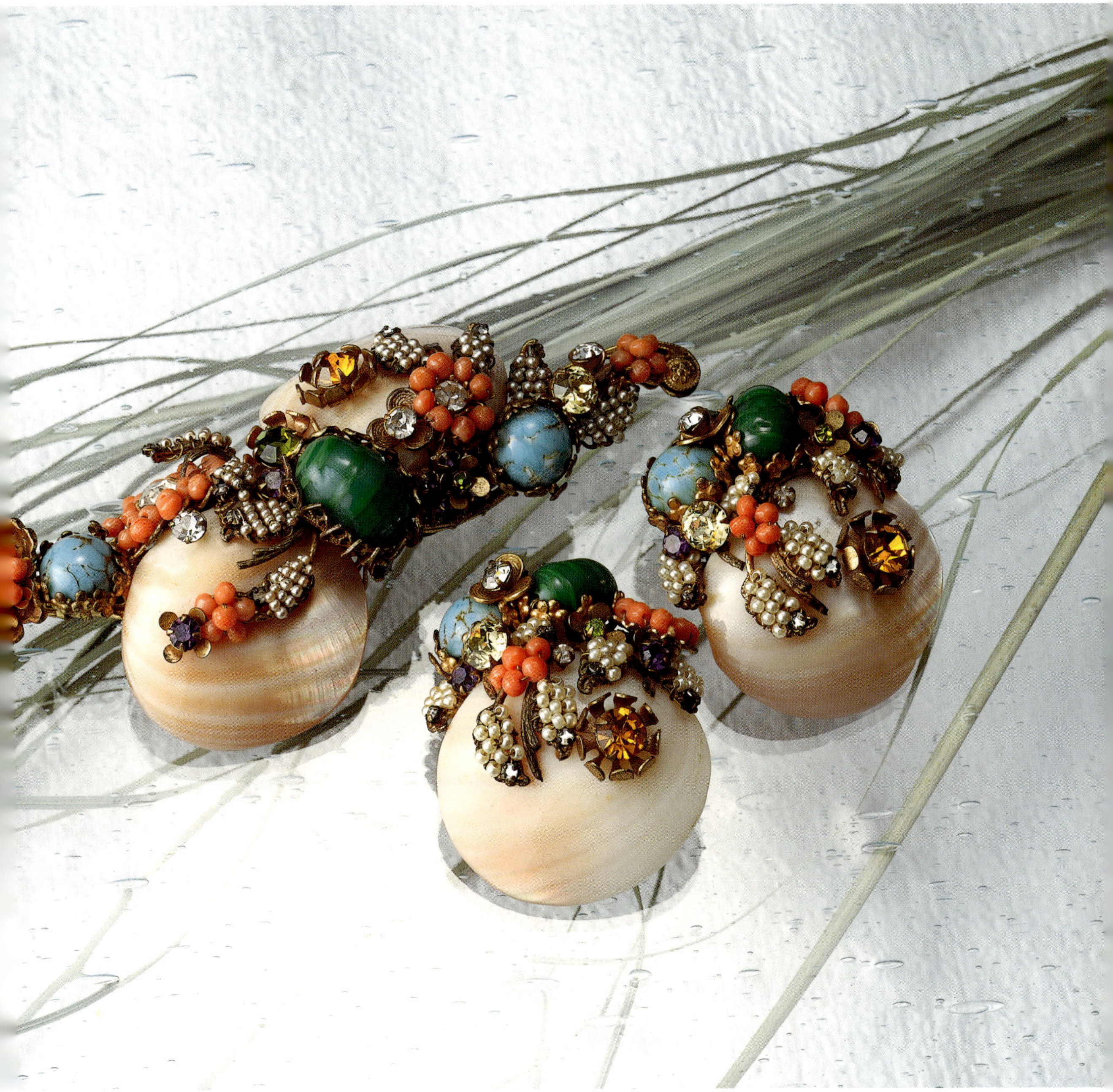

1. ネックレス，ブローチ＆イヤリング
のパリュール＋ブレスレット
ハンドカーヴドシェル，ミラーバック，ギ
ルデッド・メタル，ラインストーン，シミ
ュレーテッド・パール

2. ブローチ＆イヤリングのパリュール
＋ブローチ
フランク・ヘス／いずれのブローチに
もホースシューサインド
ハンドカーヴドボックスウッド，ヨーロピ
アングラス，ミラーバック

3. ブローチ＆イヤリングのパリュール
ヨーロピアングラス，ラインストーン，ミ
ラーバック，ギルデッド・メタル，ハンドカー
ヴドシェル，シミュレーテッド・パール

4. ブローチ
フランク・ヘス／ホースシューサインド
ハンドカーブドシェル，ラインストーン，ミ
ラーバック／プライベート・コレクション

5. ブローチ
　フランク・ヘス
　ハンドカーヴドシェル,ヨーロピアングラス,ミラーバック

6. ブローチ＆イヤリング
　シェル,コーラル,ミラーバック,ヨーロピアングラス,シミュレーテッド・パール,ラインストーン,ギルデッド・メタル

8. ブローチ＆イヤリングのパリュール
　フランク・ヘス／ブローチにホースシューサインド
　ハンドカーヴドシェル,シミュレーテッド・パール,マザーオブパールフィニッシュドパーツ,ミラーバック

7. ネックレス,ブローチ＆イヤリングのパリュール
　シェル,シミュレーテッド・パール,ギルデッド・メタル,ミラーバック
　プライベート・コレクション

9. ネックレス
　フランク・ヘス／ハンドカーヴドシェル,ミラーバック,ギルデッド・メタル,シミュレーテッド・パール
　プライベート・コレクション

ハスケル・ジュエリーの魅力

一つの衣裳に一つのジュエリー。そんな考え方からコスチューム・ジュエリーは誕生しました。ドレスは時代とともにどんどん変化しますが、ミリアム・ハスケルのジュエリーは、20世紀半ばにアメリカ人女性たちに向けて作られたものでありながら、国も時代も違う現代の日本人にも見事にフィットする普遍的な魅力があります。

ハスケル・ジュエリーの楽しみ方

　ミリアム・ハスケルのアクセサリーは、多様な使い方ができるのがその大きな魅力の一つです。

　2連以上のチョーカータイプのネックレスの場合、真ん中を割って（3連なら左右に2本と1本というぐあいに）首からかぶり、クラスプ（フックタイプのものならアジャスターの方）を胸の下や、少しずらして首の横にもってきてロングネックレスとして使用したり（写真7, 9）、そのままチョーカーとしてクラスプの位置を前や横にすることでアクセントをつけることができます（写真5, 6, 8, 10）。

　ブレスレットとのパリュールなら、クラスプ同士をつないで、より華やかなマチネやオペラタイプの長さにすることも可能です（写真4）。変わったところでは、左右にブローチの様な細工のクリップがついた多連ネックレスで首から下げた両方を交叉させてドレスに留めたり（写真1）前で二重に結んだり（写真3）首の横で長さを衿の左右に下からクリップさせて前に長く落としてみたりできるネックレスや、まるで衿のように首のまわりを取り巻いているものなどがあります。

　使用されているパーツは、おもにヴェネツィアンやボヘミアンのガラスですが、色、形が多種多様で、マーブルあり、グラデーションあり、絶妙な色彩のビーズを連ねてまとめています。

　ハスケル・ジュエリーでは宝石は使用していませんが、コーラル、シェル、ウッドなどの自然素材も組み入れています。ビーズの形もマーガレットの蕾のようだったり、木の葉、実など自然をモチーフとしたものから幾何学的なものまでさまざまです。

　また、シミュレーション・パールは、魚の鱗やセルロースなどからつくったエッセンスを10回以上塗り重ね、独特な色を出しているようです。一説によれば、これは日本で作っていたということです。

　金属のパーツも、枝葉、実、花鳥、羽根、貝などヴィクトリアン・ジュエリーを思わせる細密な造形ですし、これらを細いワイヤーで留めるための台座にも細工がしてあります。ワイヤー処理を隠すためにさらにもう1枚プレートを張るのですが、裏返して胸に飾りたくなるほどの見事さです。

繊細で緻密なハスケル・ジュエリー

ハスケル・ジュエリーは、パーツを留める際に細いワイヤーで台座にからめていきます。接着剤を使用していないので、それぞれのパーツが独立しており、クリーニング、あるいは修理の際もきれいに仕上がります。ワイヤーが切れても手で組み直せるわけですから、長い期間の使用にじゅうぶん耐えます。シミュレーテッド・パールは、摩擦には弱く剥げてきますが、はずせるので塗り直しも可能です。ミリアムやフランクの優しさが、こんなところにも見えて嬉しくなってしまうでしょう。

トレードマークには、大きく分けてホースシュープレートとオーバルプレートの二種類あります。1950年代の一時期のみ使われたのがホースシュープレートだといわれていますが、確かではありません。また、トレードマークをつけないアンサインの時代のものもあります。

マークの有無、またどのマークかにかかわらず、一目でそれとわかる密度の高い、デリケートな作品に出合ったときは、心楽しくなります。

アクセサリーを身につけることが好きでない人でも、自分の手元において眺めていたくなるような、そんな気持ちにさせるマジックを持っているようです。

ハスケル・ジュエリーの特徴は、他にもまだまだありますが、とにかく写真を見ていただければ納得していただけるに違いありません。

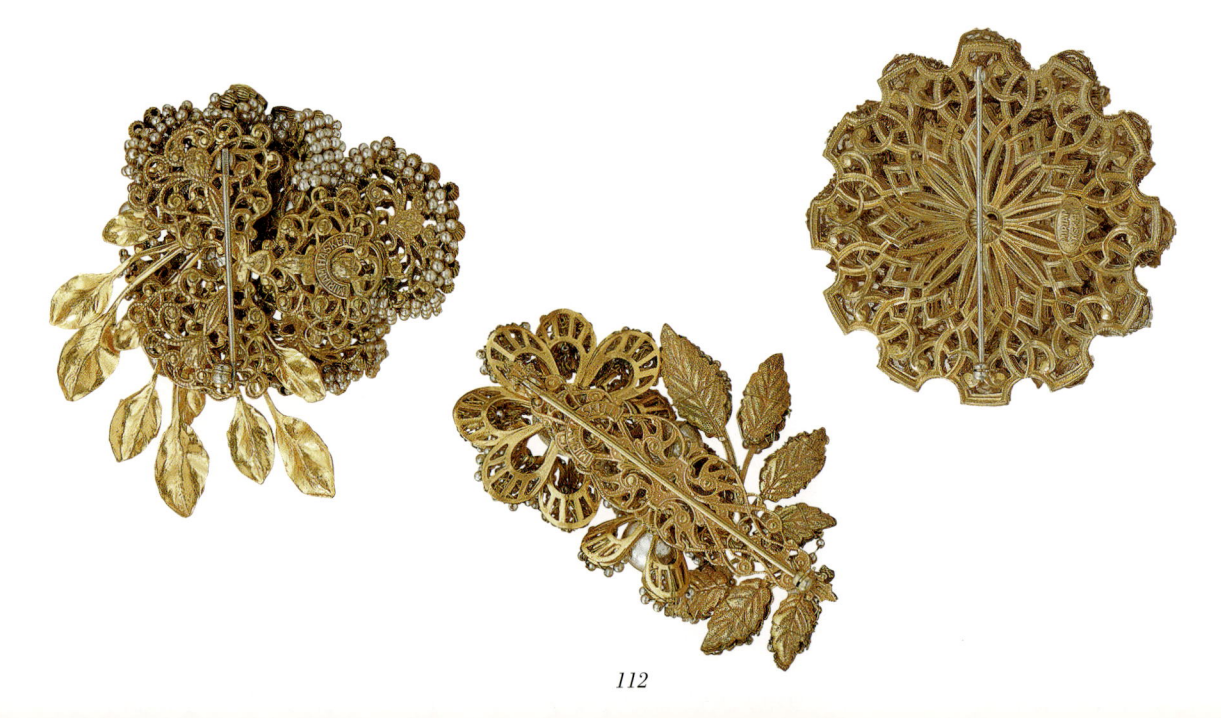

ミリアム・ハスケルの生涯

1924年、ニューヨークでコスチューム・ジュエリーショップを
オープンさせたミリアム・ハスケル。
ハスケル・ジュエリーの洗練されたデザインと卓越した技術は、
ニューヨーカーやハリウッドの女優たちに絶大な人気を得て、
一躍コスチューム・ジュエリー界のトップデザイナーに躍り出る。
ココ・シャネルと肩を並べたスーパーデザイナー、
ミリアム・ハスケルとは、いったいどんな女性だったのだろうか？
その生涯をたどる──

「骨董ファン」編集長
中村 みゆき

茶色い髪に黒い目の普通の女の子

誰しも大きな夢がある。その大きさは、ひとりひとり、その人の内にある無限の尺度で決められる。そして、そんな夢をかなえられるかどうかは、自分の夢に向かってどれだけまっすぐに突っ走れるかで決まるのだろう。チャンスや、才能や、財力は、きっと夢に向かって走っている間に、いつのまにかどこかから義勇軍に参加する勇者のように、走りでてきて、つき従ってくるのかもしれない。

その走りは美しく、華やかで、疾風のよう。そしてまた、どこまで行っても果てしなく孤独。

1900年のはじめ、世界のトップに躍り出たアメリカで、ジュエリー界のトップに立ち、アメリカン・ドリームという輝かしいロードを走り抜けた女性、ミリアム・ハスケル。

彼女がアメリカ大陸を東へと列車に揺られてニューヨークに向かったのは1924年。まだ24歳だった。

1899年7月1日、アメリカ・インディアナ州の片田舎キャネルトンでミリアム・ハスケルは生まれた。キャネルトンは、山も谷もなく、ただ平坦なばかりの地形である。風光明媚な名所もなく、特別な産業も見当たらない。あるのはどこまでも続くとうもろこし畑だけ。そんな田舎町で生まれたのは、特別美人でもなく、特別際立った才もない、茶色い髪に黒い目の、普通の女の子だった。

父も母もユダヤ人で、ロシア、東ヨーロッパからそれぞれ若くして移住し、商店を営んで暮らしていた。

4人兄弟の長女であるミリアムは、家の手伝いをしながら高校を出て、シカゴ大学で教育学を学んだ。しかし、このごくありふれた平凡な女の子の内には希望と欲望と願望が渦巻き、充満し、それが彼女自身をつき動かしてニューヨークへと旅立たせたのである。

その頃のアメリカといえば、1917年に勃発した第一次世界大戦を契機に、軍需産業によってぐんぐん財力をつけ、世界にその強大な力を誇示しはじめていた。ロックフェラーが設立したスタンダード石油会社は、世界を制覇するが如くあらゆる産業に手を伸ばしていた。資本と生産の集中によって巨大化した企業による独占が、資本主義のもとで数多くの社会問題をもたらしてもいた。

人種の坩堝のようなこの国は、それでもどんどんと流入してくる移民を受け入れ、人種問題が殺伐とした人間摩擦を生み出し、貧困ははびこり、マフィアが台頭する。

それなのになおアメリカは、戦争という悲惨で残酷な終わりのない行為を繰り返し、それを正当化するかのように、正義と自由という大義名分のもとに、星条旗をはためかせ、世界のニューリーダーにのしあがったのである。

ニューヨークでの第一歩

そんな激動のアメリカの中心地、ニューヨークに降り立った彼女は、所持金の$500を元手にマックアルピンというホテルに「ミリアム・ハスケル」

というコスチューム・ジュエリーショップを出し、女店主として新しい生活をはじめたのである。

彼女の元手となったこの＄500は、ミリアム・ハスケルという自分の娘の可能性を信じた父親からの精一杯の投資だった。しかしこの田舎から出てきたばかりの若い彼女が、大都会ニューヨークでいきなり店を持つ、そんな荒業ができるものだろうか？

その過程の記録はどこにもないし、当時の＄500がどれほどの価値かも定かではない。1910～20年頃の労働者の月収が約＄30、車の標準価格は約＄600、大衆車として売り出したフォードのT型が約＄360という資料があるが、当時は好景気、不景気を繰り返し、ドルの価値も変動しているから、確かなところはわからない。

それにしても、彼女の手腕には並々ならぬものがあったことだけは推測できる。

なぜならば彼女は、その同じ年が暮れようとする12月には、さらにニューヨーク西57番街に2軒目の店を出しているのである。

コスチューム・ジュエリー・ショップ「ミリアム・ハスケル」

彼女の店のコスチューム・ジュエリーはニューヨークの女性たちに大評判だった。後に彼女の商品は「ミリアム・ハスケル」という大ジュエリーブランドとなっていくが、この時彼女が店に並べたのは、ほとんどがココ・シャネルをはじめとするフランスのコスチューム・ジュエリーで、パリの匂いが香水のようにプンプン匂ってくる品だった。

そして看板にはフランス語でこんなことが書いてあった。

『エレガントな淑女というものは、イベントやパーティーのたびに、服やジュエリーを取り替える』

なんて贅沢で、傲慢で、そしてなんて魅惑的な響きだろう。まさに消費生活の象徴のような言葉である。コスチューム・ジュエリーというこの不思議なネーミングのジュエリーを最初に世に送りだしたのはフランスのココ・シャネルである。シャネルは自分のジュエリーを「リアル・フェイク・ジュエリー」と呼んだ。奇妙な呼び方である。「本物の、偽物の、ジュエリー」。

けれど、この奇妙さを自然に受け入れてしまうほど、これらのジュエリーは美しく、そして新しいものだった。

ミリアムは今までの宝石や貴金属を使った伝統的なスタイルを捨て去り、ガラスや卑金属などが使われたジュエリーをデザインした。本物という定義は難しいにしても、よく「本物の石」といわれるダイヤモンドやサファイヤ、エメラルドといった高級な石はほとんど使用してない。だからガラスはもちろんのこと、水晶やガーネットはその範疇に入った。そしてまた、時代の寵児のようなベークライトもその重要な素材として重用されていたのである。

コスチュームとは、時代や地域の特定の服装をさす一方、舞台衣装、仮衣装、さらには共布で仕立てられた婦人服一式の意味がある。だからコスチューム・ジュエリーは、その唯一の衣裳（コスチューム）に合わせてつくられたジュエリーということにな

る。またコスチュームとは、英語のカスタムの姉妹語でもある。カスタムとは慣習や慣例、またはお客さまである。「カスタム・メイド」といえば、注文品やあつらえなど、一般でいう「オーダー・メイド」と同じ意味で使われる。ということは、それぞれの人の、それぞれの好みや着ている洋服に合わせてつくられた、つまりお仕着せではなく、自由に個性を重視してつくられているということなのだ。

確かにニューヨークの女たちは美しいものに飢えていた。やり場のない焦燥感と自己表現。狂ったように繰り返される戦争、経済の浮き沈み。

男たちは疲れきり、それまでは口にもしなかったウーマンリヴという言葉を、あからさまに連発し、社会の表面から後ずさりする。いきなり表舞台に立たされた女たちは、戸惑いながらも、抑圧されたエネルギーをバネに、行動を開始した。

やがて彼女たちは、欲望のままに贅沢を渇望し、それを自分自身の手で勝ち取るために働いた。それは自信につながり、自信は顕示となり、刺激を求め、そして見せびらかすために自分を飾り、それに陶酔したのである。

女たちは特別が大好きである。自分のためだけにある自由に個性を重視してつくられたジュエリー。それが彼女たちの心を虜にせずにいられるだろうか。

そして、新奇でいて刺激を求めるということは同時に、捨て去ろうとしている伝統的なものに懐かしさを感じてしまう。懐古趣味とは新しいものを求めるからこそ湧き上がってくる感情なのである。それが彼女たちにとっては、ヨーロッパ、特にフランスの匂いのするものだったのである。

つまり「ミリアム・ハスケル」という店は、当時のアメリカの女たちが一番求めていたものを与えたのである。

特にココ・シャネルには人気が集中した。ちょうどこの頃フランスでは、ココ・シャネルがトップデザイナーとして脚光を浴びはじめていたのである。

ミリアムは、ココ・シャネルに感銘を受けた。それは憧憬でもあり、尊敬でもあった。

シャネルは美しかった。女としてはもちろん、ひとりの人間として強く美しい。ココ・シャネルの生きざまはこれから羽ばたこうとするミリアムに勇気と刺激を与えてくれた。

しかし、ミリアム・ハスケルについては、確かな資料があまりにも乏しい。アメリカン・ドリームを女手一つでつかみ取り、ジュエリーの世界に新風を巻き起こし、コスチューム・ジュエリーの女王とまでいわれた彼女についての確かな記録が残されていないというのも不思議な気がする。

ましてやミリアムが死んでから、たった20数年しか経っていないのである。それなのにミリアム・ハスケルは謎ばかり孕んでいる。それは、彼女のすばらしい栄光の日々と、悲しくなるほど哀れな最期に関係しているのかもしれない。

アメリカのアンティーク好きなら誰もが知っている「ミリアム・ハスケル」カンパニーという会社は、彼女が最初に店を出した1924年に設立されている。しかし、ワシントンの登録事務所に正式な名前を申請したのは、創立者であるミリアム・ハスケルの死から7年後の1988年のことなのである。だから登記上

から調べようにも、初期のことについてはわからないのである。

フランク・ヘスとの出会い

ミリアムには、希有のデザイン的な閃きがあった。加えて彼女には人々の欲求を満足させるだけの洞察力があった。才能は才能を呼び、それを見分ける。彼女はその才能でフランク・ヘスという天才デザイナーを見いだしたのである。ミリアム・ハスケルの作品のほとんどは、このフランク・ヘスというデザイナーがつくり、後にはロバート・F・クラークやサンフォード・モスという人たちに継承された。

フランク・ヘスはインテリアデザイナーでもあった。ミリアムは毎朝毎晩、マックアルピンホテルのブティックに通う道すがら、マーシーズというデパートのウインドウを見つめていた。その吸い寄せられるように美しいウインドウの飾りに魅せられた彼女は、ある日、そのデザイナーに声をかけたのである。「私の店で、ジュエリーをデザインしてくださらない?」

それがフランク・ヘスだった。

フランクは、すばらしい才能を持った男だった。彼の生み出す美は、見たこともない色彩を編み出す。憧れのフランスを彷彿とさせ、そしてそれを超越し、しかも新しい。やがてミリアムは、フランク・ヘスと組んで、コスチューム・ジュエリーデザイナーとして、マーシーズのウインドウディスプレイをはじめた。1926年、彼女が最初に店を出してわずか2年後のことである。ヘスのデザインセンスを生かしたディスプレイは、道行く人々を引き付け、たちまち人気を博したのである。

さて、この頃のアメリカはつかの間の「小春日和の時代」を享受していたといえる。「頑丈で、誰でも簡単に乗れる」をうたい文句に、フォードは自動車を次々に世に送り、大衆消費文化の欲望を満足させていた。ラジオ、大衆紙などの新しいマスメディアが情報時代の幕開けを告げ、1927年にはリンドバーグによる大西洋横断飛行成功が人々にはるかなる夢を与えた。また、ジャズやスポーツ観戦が娯楽として楽しまれ、映画は全盛期を迎えた。

銀幕に現れるハリウッドの女性たちのファッションは、流行に影響を及ぼし、トレンドをつくりだしている。そんな女優のひとり、ジョン・クロフォードは、「ミリアム・ハスケル」の大ファンだった。

ジョン・クロフォードの死後、その所持品をオークションにかけた時、人々は品数の膨大さと共に彼女がいかにこのジュエリーに愛着を持っていたかに驚いたものである。

ジョン・クロフォードは、ミリアム・ハスケルのジュエリーをひとつひとつ箱にしまい、そこには買った日付やプライスまでも全て几帳面に書き記していたのである。

大恐慌時代のミリアム・ハスケル

しかし、アメリカもこんなぬくぬくとした時代が長く続くわけではなかった。

ミリアム・ハスケルの生涯

世界中を震撼させた大恐慌時代の到来である。
　それは、1929年10月24日、ニューヨークはウォール街の株大暴落にはじまった。いわゆる「暗黒の木曜日」。勢いづいていた工業生産力が消費者の購買欲をはるかに追い抜いてしまっていた。アメリカの工業生産は1933年にはピーク時の4割に減少し、失業者は1,283万人になった。この数字は、当時の全米労働者の4人に1人が職を失ったことを示している。
　だから贅沢品の代名詞のようなジュエリーを扱うミリアムの会社は、さぞ大変だっただろうと思う。ところが、彼女はあっけないほど悠々と、この経済危機をやりすごしたのである。大恐慌から4年目の1933年には、不況などどこ吹く風と急速に発展し、店を5番街に移転させている。ここはでっかい工場兼ショールームとなっていて、優に従業員の60人くらいは働けるスペースがあったという。
　また、同じ1933年から1937年にかけては、マイアミのジェット族（ヨーロッパ各地からジェット機を利用してツアーを組んで旅行をする金持ちたちのこと）がよく出入りしていたホテル、ロニープラザに、ジュエリーブティックを出し、盛況のうちにリンカーンロードのバーダインスデパートに移っている。おまけに、その間の1936年には、サックスフィフスアベニューの1階にも店を出した。
　どんなに経済がメチャクチャであろうと、当たり前のように知らんふりをしていられる金持ちはいるのである。ミリアムはちゃっかりその人たちを相手に商売を広げていったのである。
　ミリアムの生活は華やかだった。この頃のことを彼女の甥が話している。フロリダでミリアムと共に休暇を過ごすことになった彼は彼女を駅まで迎えに行った。
　アメリカの誇る列車、オレンジ・ブラッサム・スペシャルから降り立ったミリアムの荷物は山のようで、1台のタクシーでは乗せきれない量だったという。
　ミリアムにはお金もあり、地位もあり、大金持ちのボーイフレンドもいた。大きな家もあり、彼女にかしずく人たちばかりがまわりにいる。
　商売も強気で、買い付けにくる業者には、まとめて＄500以上じゃないと売らなかったりもしている。ニューヨークに出てきた時、握りしめていた金額と同じ額というのがおもしろい。
　ミリアムはまた、慈善事業にも熱心だった。それが慈悲の心なのか偽善なのか、はたまた税金対策なのかはわからないけれど、それによって彼女の人気が上がっているのは事実のようである。
　1937年のことである。彼女は画期的なまでに有名になった。彼女の生まれ故郷であるインディアナ州のオハイオ川が氾濫したのである。雨は3週間降り続き、街中が水浸し。25,000人以上が被害を受けた。下水のシステムはマヒし、腸チフスが蔓延した。
　ここにミリアムは名乗りを上げたのである。彼女は自分のお金で列車を仕立て、毛布、食料に薬、衣類を満載して急送し、それでも足りないと、裕福な客から寄付を募って2度目の列車を送ったのだった。
　ミリアムは、プライドも高かった。ヨーロッパに行った時のことである。もちろん豪華客船である。彼女は往復チケットを持っていた。けれどその船に乗っ

た時、ユダヤ人であるというだけで、不愉快な思いをした。彼女は帰りには決してその船に乗らなかったという。

　ユダヤ人としてユダヤ教徒の両親を持った彼女は、あまり厳粛なユダヤの精神を持ち合わせていなかったらしいが、第一次大戦後、戦渦を逃れてアメリカにやってきたユダヤ人たちを多く雇い入れている。ユダヤ人は手先の細かな仕事に従事していた人が多く、ジュエリーの仕事にはうってつけで、彼らの雇用は会社にとっても得策だった。しかしそれだけではない一面があり、後にはロシアにいるユダヤ人のための義援金集めに奔走するなど、どうしたって抜け切れないユダヤ人としての気質があったりもする。

　プライドというのは時にコンプレックスの変形なのかもしれない。そして彼女の場合はそれが顕著だったのかもしれない。それは彼女の生きざまのいろいろなところに顔を見せる。愛にしてもそれはいえる。数えきれないほどの素敵な男たちを取り替えたミリアム。けれど彼女は実は同性愛者だった、なんて話もある。また、バイ・セクシャルなんて話もあって、彼女を悪く言う人の中には「実はミリアムは娼婦で、その道でたんまり金を稼いでいた」などという噂を立てる人までいた。

恋多き女、ミリアム

実際、ミリアムの人生においては数多くの男たちが登場している。

　恋多き女の代表のような彼女がつきあった男たち。たとえばジョン・D・ハーツJr.。彼はレンタカーの世界的な大会社ハーツの御曹司である。この6歳下の大金持ちをはじめとして、バーナード・ギムベル、彼は15ものデパートの大社長だった。他にも劇場のプロデューサー、映画関係者と、そうそうたる面々が名を連ねているのである。

　ミリアムには新しい事業を拡大するたびに、別の男の影が見え隠れしている。けれどミリアムは本当に彼らを愛していたのだろうか？　単に彼女にとって利用価値のある男たちだったのだろうか？　それともその両方だったのだろうか？

　彼女はとびきり美しいと絶賛を浴びる容姿ではなかった。中肉中背の、どちらかといえば筋肉質でがっしりした体型。男たちがあこがれる金髪でもなく、ブルーやグリーンの透き通った瞳も持っていなかった。そんな彼女のどこに男たちは惹かれたのだろう？　彼女の内からあふれる自信に満ちた輝きのせいなのだろうか？　それとも生まれながらに男を引き寄せる何かがあったのだろうか？

　おかしなことに、ミリアムの写真は、ほとんど現存していない。仮にもミリアム・ハスケルは一時期において、アメリカではジュエリーの女王とまでいわれた有名人である。ほぼ同時期のココ・シャネルは数多くの写真を残している。そういえばミリアムはあまり雑誌にも登場しなかった。彼女を愛し求める男性は数多くいたけれど、もしかしたら彼女は自分の容姿に対して、いつもコンプレックスがあったのかもしれない。そして、いつも葛藤を繰り返していたのかもしれない。

ただし、ミリアムは人目を引く華麗さを誇っていた。男たちからチヤホヤされ、浮名を流しつづけていた。
　けれど実生活では、質素で堅実だったともいわれている。狂信的なくらい健康に気をつけ、果物や野菜ばかり食べる、まるで菜食主義者のような人なのである。
　それでも彼女は男をとっかえひっかえし、まるで手玉に取るかのようにふるまっていたのである。
　彼女を取り巻く環境は、映画女優やモデル、金持ちの女たちの華やかな世界である。ミリアムは、素材やアイデア、商品の仕入れのために、世界中を旅している。特にパリにはよく行った。当時のパリと言えば芸術の宝庫。有名なアーチストや知識人が集まっている。ミリアムはそんな彼らをも魅了し、賞賛を浴びている。
　華やかな人々。もちろんその、誰を取り上げようと、ひと皮むけば、まる裸でスッピンの、孤独な人なのだけれど、個人が集団となった時に醸し出す雰囲気は派手で華麗。その中にいて、片田舎の、ちっぽけな商店の娘であるミリアムは、ジュエリー界の女王として、そして次々に仕事を拡大するアメリカ最先端の女の代表のような顔をして人々の上に君臨していたのである。
　彼女のジュエリーはアメリカだけでなく、ヨーロッパでも引っぱりだこだった。1937年にはヨーロッパへ出かけ、ロンドンのハーベイ・ニコルスと、イギリスでのハスケル・ジュエリーの独占販売契約などもしている。
　ハロッズといった有名デパートのバイヤーも、彼女を追い回していた。それでも彼女は「売りたくないわ」と高飛車で、バイヤーたちは彼女の承諾が出るまでしつこくお願いしなければならないという有様だった。
「何でお金を銀行の冷たい石の中に置いておくのよ」などと豪語しながら使うお金は湯水のごとく。贅沢な人に贅沢なものを売るには自分も贅沢でいる必要があるのかもしれない。
「ミリアム・ハスケル」カンパニーは順風満帆だったのである。

「ミリアム・ハスケル」というジュエリー

確かにミリアムに豪勢な暮らしを充分に提供できるほど「ミリアム・ハスケル」が、世に送り出すジュエリーはすばらしいものだった。
「ミリアム・ハスケル」のジュエリーは、機械という人間の手の代用にもなってくれるありがたい道具をほとんど使っていない。辛うじて使ったのは、金属に穴を開ける時くらいで、あとは全て精密な手仕事である。
　たとえばクラスプである。クラスプとはネックレスの留め金具のことで、これは普通のジュエリーの場合プレーンなものだが、ハスケルの場合は、ここにも人工パールやミラーバックが使われ、花型や鳥型などに細工されている。このパールというのも凝っていて、人工パールにはちゃんとパールエッセンスのコーティングがしてある。パールエッセンスとは、魚のうろこから抽出した物質とアクリル樹脂と植物繊

維のセルロースを混ぜたもので、一般的にこのコーティングは3〜5回で行われるのだが、ハスケルの場合、これを12回程繰り返すという手の込みよう。

また、ジュエリーを組み立てる時に基本的には接着剤を使用しないポリシーだった。どんな小さなミラーバックも爪留めしてあり、その下部の金属の部分を細い針金のワイヤーで固定してある。直径2ミリ以下の小さなシードパールでも穴を開けてワイヤーで固定してある。この方法だと裏の部分に多くのワイヤーが集中することになる。このため肌や服を傷つけないように、裏にはデザインされたカバーが取り付けられているのである。ハスケルのジュエリーは「裏も凝っている」といわれるのはこのためである。

この裏面処理にも精緻な細工が施され、アンティーク・ロシアン・ゴールドと呼ばれる独特な金色を出している。この色を出すには洗浄、腐蝕、銀メッキまたは金銀の合金メッキ、エッチングなど約15工程に及ぶ表面処理が繰り返し行われるのだ。

人気があるものというのは、必ずといって良いほど偽物が横行する。しかし、「ミリアム・ハスケル」の商品は、真似ようとしても、真似られるものではなく、万が一真似たとしても、途方もなく時間や経費がかかり、割に合わない仕事なのである。

これらの仕事をこなすのはもちろんミリアムではない。彼女は決定をするだけである。彼女のプロデューサーとしての感覚の鋭さはすばらしいものだった。この直感と言っていい決定が「ミリアム・ハスケル」というコスチューム・ジュエリーを、アメリカのジュエリー界のトップへとのし上げたのである。

実質的なデザインなどはフランク・ヘスの仕事だった。

フランク・ヘスの製作過程は少々特殊である。普通、ほとんどのデザイナーは製作前にデザイン画というものを描く。しかし、この天才はいきなり素材の組み合わせというマジックをやってのけた。

アシスタントたちは、このデザインを忠実に職人に伝達した。フランクは職人たちに完璧な彼の理想を実現させた。少しでも、理想からはずれると、つくり直すことを繰り返した。それは当然ミリアムの要求だったけれど、それにしてもと呆れるくらいの正確さを求めた。

この仲介の仕事は必ずアシスタントがこなしていた。ヘスは決して直接職人たちと接しようとはしなかった。それが、当時まだ残っていた階級社会の習慣によるものなのか、それとも彼の過敏な神経によるものなのかはわからないけれど、異常なまでの厳密さで守られていたのである。

彼のこうした態度はミリアムに対しても同じだった。直接に意思を伝えなかったのである。

フランク・ヘスとは、ミリアムにとって、また「ミリアム・ハスケル」というジュエリーにとって、何だったのだろう。彼が天才的なデザイナーだったことは事実である。彼がいなければ、「ミリアム・ハスケル」のジュエリーも存在しなかっただろう。しかし、彼は自分の名前を押し出すこともなく、「ミリアム・ハスケル」という傘の下で生きることをまっとうした。ミリアムとは、いつまでもパートナーであり続けたのだ。

フランクは同性愛者だったといわれている。同性愛者とはある意味で「美への追求者」なのかも

しれない。妥協のない美しいジュエリーを生み出すことに陶酔するフランク・ヘス。

だから、2人はビジネスだけの付き合いのようにも取れる。しかし、実生活においても、後に傷つき、ボロボロになったミリアムを最後まで面倒をみたのはフランクなのである。

1939年になってナチスがソ連へ侵攻し、第二次世界大戦が勃発した。アメリカは日本軍の真珠湾攻撃の翌日、1941年12月9日に正式に参戦宣言をする。この大戦がはじまるとアメリカは、軍事需要で生産を急速に伸ばし、大恐慌以来の不況は解消され失業者も激減した。

戦争の悲惨さとはうらはらに、「ミリアム・ハスケル」ジュエリーの時代感覚は、研ぎ澄まされ、時流に乗り、女たちの渇望を満たし続ける。ミリアムは、愛国心に燃え、勝利をたたえるジュエリーをヘスにデザインさせた。それは真っ赤な花だったり、星を型どったものだったりと、いかにもアメリカという国において勇気のみなぎりそうなモチーフのものだった。ルーズベルト大統領夫人が胸につけ、アメリカ中に広がってゆく。ついにはイギリスにまで渡り、エリザベス女王の胸にまで輝いた。

壊れはじめるミリアムと、躍進し続ける「ミリアム・ハスケル」

1941年になって、フランク・ヘスは1年間、陸軍に招集されることになった。しかしフランク・ヘスは、自分の不在の間、充分間に合うだけのデザイン資料を残して戦場に向かったのである。このため「ミリアム・ハスケル」カンパニーは滞りなく、スムーズに仕事が続けられた。

ちょうどその頃のことである。ミリアムは、ひんぱんに混乱と憂鬱の発作に襲われるようになり、だんだんその症状が進行し、少しずつ精神と肉体がおとろえはじめたのである。

ミリアムはまだ42歳という若さなのに。ミリアムは恐怖に震えていた。彼女のドイツという国に対する畏怖は根深く、しこりのように身体の真ん中に居すわり、彼女を支配していたのだ。ドイツに攻撃されれば、アメリカは必ず滅びると信じていた。どうしてそんなに怯える必要があったのか？ 確かな理由はわからない。もしかしたら彼女がユダヤ人だったからかもしれない。彼女自身だってわからなかっただろう。とにかく全てが彼女を脅かす対象となった。彼女は持っているもの全てを売りに出した。家までも売却し、アパートに引っ越してしまったのである。

そんな折、彼女のボーイフレンドの筆頭だったジョン・D・ハーツJr.がいきなり有名な女優、ミルナ・ロイと結婚してしまった。彼は、美人でセクシーな女性に鞍替えしてしまったのである。プライドの高い、華麗なミリアムは捨てられ、置き去りにされてしまった。それでも傍目にはミリアムは強くたくましく、精力的に活躍しているように見えた。

しかし、時に妙な言葉をつぶやくようになった。そして、いきなり突飛な行為をするようになった。何かが少しずつ変になってきた。少しずつ彼女は壊れはじめたのである。その時フランクはいなかった。兵役中だったのである。

とにかくミリアムは逃げなければと思った。けれど何から逃げたかったのだろう？　それを一番知りたかったのはミリアムだった。菜食主義の度合はますます増し、ついにはほとんどものを食べなくなった。食品添加物を異常に恐がった。時には公園に1日中いて、鳥と話したりもする。

それでも会社は実績を上げ続けたのである。世界中からの素材を集めた、美しいコスチューム・ジュエリーの売り上げは戦前の3倍にもなっていた。

やがてヘスが兵役を終え、会社を取り仕切るようになっていた。戦後で、人件費も膨大な値上がりをしたにもかかわらず、ミリアム・ハスケルというコスチューム・ジュエリーの特長であり、誇りである手作業を彼は全く変えることはなかった。

戦後、一気に盛んになってきたマスメディアも大いに利用し、1946年には、「ミリアム・ハスケル」カンパニーは、『ハーバースバザー』や『アメリカンヴォーグ』誌に広告も載せはじめた。

そして、このころになってやっと「ミリアム・ハスケル」のトレードマークがジュエリーの裏側につけられはじめたのである。それまでは、美しさや精密さだけでそれとわかった「ミリアム・ハスケル」のジュエリーは、「ミリアム・ハスケル」という名札をつけて、世界中に広がっていったのである。

入退院、そして……

ミリアムはといえば、公園通いをはじめたのである。野菜と果物を手に、彼女が勝手に不健康と決めた人に、勧めて食べさせてあげるために。そして時には彼女の持論を大声で演説するために。

仕事はやめるしかなかった。

1949年のクリスマス。その時チーズロールを食べたのがよくなかった。ミリアムは、それで毒殺される妄想にとりつかれた。フランクが彼女を落ち着かせようとしたが無理だった。彼女は苦しみヒステリックにわめき叫んだ。ついに彼女は、ニューヨークホスピタルに入院させられることになった。そしてこれが多くの病院への入退院のはじまりだった。

フランクはコロラドから弟のジョーを呼んだ。彼は姉をなだめるためにやって来た。しかしいつの間にか会社の所有権はジョーのものになっていた。わけもわからず書いたミリアムのサインは会社の売買契約書だった。ミリアムは50歳をこえたばかりだった。

そしてその5年後、ジョーは会社の全てをモリス・キンツレーという赤の他人に売ってしまったのである。幸いなことにモリスは手腕のある人物で、フランクとの共同製作を続行できる男だった。デザイン、製作などはフランク・ヘスに委ねられたため、かろうじて、ミリアムの理想とするジュエリーへの思いだけは消滅することはなかった。フランクはモリスに提案し、自分に代わるだけの能力を持ったデザイナー、サンフォード・モスをゼネラルマネージャーに昇進させ、後に副社長となるロバート・F・クラークを雇い入れるなど、様々な優秀な人材を採用し、「ミリアム・ハスケル」カンパニーは、繁栄し続けたのである。

けれど、もうミリアムにはそれを理解する能力は残ってはいなかった。着飾って会社に出かけることもあった。しかし、自分が築き上げた会社の敷地にすら入れてもらうことはできなかった。キラキラ光る自分のジュエリーにさわることもできなかった。

ミリアムの最期

誰の上にも月日は流れる。ミリアムにも栄光の日々と同じだけの月日が流れていった。

そんな晩年のある日、ミリアムは華やかな結婚披露パーティーに出かけた。以前と同じ様に美しい姿で。その日の彼女はどこから見ても淑女然とした婦人である。有名なミリアム・ハスケルがよみがえったようにそこにいた。すっと背筋をのばして優雅に食事をしていた。会話の途中、彼女はその景色の美しさをほめたたえた。

「美しいお庭ですこと。なんていいお天気かしら、木漏れ日がホラ美しい。風がすがすがしくて、こんなに素敵なガーデンパーティーに呼んでいただいてとってもうれしいですわ」

けれども残念ながらそこは室内で、木漏れ日もなければ風もなかった。

1981年7月14日、82歳で彼女はこの世を去った。あのフロリダでの休暇の時、荷物の多さに驚いた甥の一家に看取られてのことだった。彼女の亡骸は、ケンタッキー・ルイスビルの共同墓地に埋葬された。

彼女をかわいそうだと言う人もいる。悲しい人生だと言う人もいる。82年生きて彼女の華やかな日々は25年くらいしかなかった。けれど80余年をただなんとなく生きるのと、25年間に持っている自分の全てを凝縮させ、輝いて生きるのとどちらが幸せだろう。

アメリカン・ドリーム、その華麗な夢に向かって走り抜けたミリアム・ハスケルの残した美しいジュエリーの数々は、今も変わることなく人々を魅了し、アンティークとして愛され、輝き続けている。

ミリアム・ハスケル年譜

西暦	事項
1899.7.1	インディアナ州キャネルトンに、シモン・ハスケルとレベッカ・ホーリックの娘として生まれる。
1917	ニューアルバニーハイスクールを卒業。
1918〜21	シカゴユニバーシティで教育学を学ぶ。
1924	ニューヨークに出て、マックアルピンホテル（一説にはその付近）において、ミリアム・ハスケルというネーミングのコスチューム・ジュエリーショップをオープン。
1924.12	西57番街に2軒目の店を出す。
1926	フランク・ヘスと組んで、コスチューム・ジュエリーデザイナーとして、マーシーズのウインドウディスプレイを先駆けて始める。彼のデザインセンスを生かしたディスプレイがなされる。
1933	ミリアム・ハスケルカンパニーは、不況にもかかわらず急速に発展し、5番街に移転する。
1933〜37	マイアミのホテルロニープラザに、ジュエリーブティックを出し、盛況のうちにリンカーンロードのバーダインスデパートに移る。
1936	サックスフィフスアベニューの1階に出店する。ここに自分自身のものとフランスのジュエリーを扱う。
1937	ヨーロッパへ出かけ、ハーベイ・ニコルスと、イギリスにおけるハスケル・ジュエリーの独占販売契約をするきっかけをつくる。
1941	フランク・ヘスは1年間、陸軍に招集されるが、不在の間、じゅうぶん間に合うだけのデザイン資料を残していったので、ハスケル商会はスムーズに仕事が続く。
1941〜45	ミリアムは、ひんぱんに混乱と憂鬱の発作に襲われるようになり、だんだんその症状が進行、少しずつ精神と肉体が衰えていく。
1946	ハスケルカンパニーは、ジュエリーをハーバースバザーやアメリカンヴォーグ誌の広告に載せはじめる。
1949.クリスマス	ミリアムは、チーズロールで毒殺されるという妄想に取りつかれ、ホワイトプレーンのニューヨークホスピタルに入院させられる。これが多くの病院への入退院の始まりであり、年齢とともに悪化していくことになる。
1940年代後期	ハスケルのトレードマークがジュエリーの裏側につけられ始める。
1950.8	ミリアム・ハスケルカンパニーの所有権は、ジョー・ハスケルに移り、デザイン、製作、進行等はフランク・ヘスに委ねられる。
1955	ジョーは、モリス・キンツレーにカンパニーを売却する。モリスは手腕のある人物でヘスとの共同製作を続行できる男であった。
1958	ヘスの提案で、モリスは、ロバート・F・クラークを雇い、ゼネラルマネージャーにサンフォード・モスを昇進させる。
1960	ロバート・F・クラークは、ヘスからチーフデザイナーの地位を引き継ぐ。
1961	クラークが、ハスケル社の副社長となる。
1981.7.14	ミリアム・ハスケルは、ハミルトンのナーシングホームで死去。ケンタッキー・ルイスビルの共同墓地に埋葬される。

あとがき

　20年前のあの日、ジャンク・ジュエリーの中から見つけたハスケルとの"出会い"は今でも忘れられません。
　それからというもの、アメリカでも日本国内でもハスケルを求めて奔走するようになりましたが、当然のことながらなかなか思うように見つけることはできませんでした。
　当時は、アメリカでも東海岸のクラスのごく一部の人のものという感じだったと思います。
　今、こうして本書をつくるにあたり、ひとつひとつの作品を眺めていると、このコレクションはとうてい私一人の力では、実現できなかったことを実感します。
　特に大きな力となってくれたのが、マキヤマ・ロベルト・篠みどり夫妻という強力なパートナーです。彼らは堪能な語学力を駆使してアメリカを駆けめぐり、私が望むハスケル・ジュエリーを入手してくれました。
　そしてもうひとつの大きな力は、カスタマーの方々です。彼女たちは、ハスケルのジュエリーに惚れ込み、あらゆるシーンであるときはさりげなく、またあるときは大胆に装い、集っては批評し合い、日本でのミリアムの知名度を上げてくださいました。
　"自分が一番きれいに見えるジュエリー"
　これが、彼女たちがハスケルに惹かれているところなのだと思います。彼女たちはパンツスーツやエレガントなワンピース、カジュアルなジーンズなどで思い思いにハスケルを楽しんでいます。そんなカスタマーの方々に、私のほうが「こんな格好にも似合うんだ！」と教えていただいているのです。これらの方々が支えてくださったおかげで、ボリュームのあるコレクションになったというわけです。
　そして最後まで目を通して下さった読者のみなさま、ありがとうございます。繊細で脆くやさしい、なのにどこかしたたかで傲慢、言葉で表現しきれない何かを感じられたのではないでしょうか。
　ハスケル・ジュエリーは、ミリアムのイメージをフランクのセンスに重ねて磨きをかけ形にしたもので、フランクがいなければこんなに魅力的でなかったで

しょう。彼らこそ全くピュアな部分でのみぶつかり合い、互いの中には踏み込まずに尊敬し合い、男と女ではなく上下関係もない…そんな中から生み出されたからこそこのハスケル・ジュエリーは、今も人々を魅了し続けているのでしょう。

　本書を出版して改めてハスケル・ジュエリーのすばらしさを再発見しました。そしてこれからも変わることなく、みなさまにこのジュエリーのよさをわかっていただけるようお伝えしてゆくつもりです。

　色彩、デザイン、どれをとっても目を見張るものばかりですが、紙面の都合上かなりの写真をカットしなければならなかったのはとても残念でした。また作品のキャプションは素材や年代のみの説明とし、その魅力については、本書を手にとって見てくださる読者のみなさまに委ねさせていただくことにします。

　最後になりますが、出版の機会を与えてくださった日本出版社の矢崎泰夫社長にお礼を申し上げます。

2003年9月1日
渡辺マリ

参考文献

『ANGIE GORDON TWENTIETH CENTURY COSTUME JEWELLERY』
『Jewels of Fantasy COSTUME JEWELRY OF THE 20TH CENTURY』
『COSTUME JEWELRY THE GREAT PRETENDERS』
『The Best of Costume Jewelry』
『The Jewels of MIRIAM HASKELL DEANNA FARNETI CERA』

編者プロフィール

渡辺マリ
Watanabe Mari

1946年東京生まれ。1976年、東京・国分寺にアンティークと雑貨の店「BLONDIE & COMPANY」を開店。1980年、アメリカから仕入れたジャンク・ジュエリーの中から、青いガラスに金色の小さい枝葉のついたブローチを見つけ、これがミリアム・ハスケルとの衝撃的な出会いとなる。以後、ミリアム・ハスケルを中心にトリファリ、ジョマーズなどを精力的に蒐集、コスチューム・ジュエリーの第一人者として活躍する。

❀

渡辺マリのミリアム・ハスケル コレクション
2003年9月30日　初版発行

編者　渡辺 マリ
プロデュース　株式会社西洋堂
編集　有限会社デジタルムーン
　　　渡辺 恵子

撮影　岩本 真
　　　大内 光弘
　　　田中 秀和
　　　中村 弘太郎

カバーデザイン　石田 貴之
本文デザイン　西村 茂子

発行者　矢崎 泰夫
発行所　株式会社日本出版社
〒162-0805　東京都新宿区矢来町111番地
電話　03-5261-1811
FAX　03-5261-1812
http://www.nihonshuppansha.com
郵便振替　00190-6-67641
印刷・製本　大日本印刷株式会社

定価はカバーに表示してあります。
乱丁・落丁本は当社にてお取り替えいたします。

© Mari Watanabe
2003 Printed in Japan
ISBN4-89048-683-6